CISA를 통해 알아보는
정보보호와 내부감사의 첫걸음

CISA를 통해 알아보는

정보보호와
내부감사의
첫걸음

이재호, 한대화, 강도운 지음

다산글방

본 책은 조직의 정보보호를 담당하는 실무자들을 위해 정보 보안과 감사에 대한 개념과 방법에 대한 가이드로서, 국제 공인 정보시스템 감사자(일명, CISA : Certified Information Systems Auditor)과정을 기준으로 설명을 한다.

본 책은 CISA에 맞추어 총 5개 장으로 구성되어 있으며, 5개 장별로 3~4개의 절로 구성하였다.

전체적인 구성은 각 절별로 현재 독자분의 수준확인을 위한 문제가 제시되어 있고, 문제의 정답 수를 기준으로 이후 제시되는 이론 내용에 대한 학습 가이드(아래 표 참조)를 제시하는 형태로 기술되어 있다.

이를 통해 본 책을 읽는 독자분들이 자신의 수준을 파악하고 수준에 맞는 학습이 가능하도록 하기 위함이다.

예를 들어, 제시된 문제의 정답 비율에 따라, 각 장의 추가 제시된 내용은 다음의 기준으로 학습하기를 권장한다.

정답 비율	본 책을 읽는 방향
2/3 이상	이론 설명 내용을 빠르게 읽으며 주요 개념 정리한다.
1/3 이상 2/3 미만	이론 설명 내용을 자신의 스타일로 요약정리하며 학습 권고한다.
1/3 미만	이론 설명 내용을 최초 2~3회 이상 정독하여야 하며, 필요한 경우 본 책에서 설명된 주요 개념 등에 대해 추가적인 상세 자료를 통해 꼼꼼하게 학습하기를 권고한다.

부디 이 책이 독자분들의 정보보호와 감사에 대한 지식 수준 향상에 도움이 되기를 기대한다.

차례

머리말 … 4

제1장 감사 프로세스 —————————————— 9

　제1절 감사 및 감사인 … 11

　제2절 감사의 절차 및 기법 … 32

　제3절 부정적발 및 샘플링 … 55

제2장 IT 거버넌스 —————————————— 79

　제1절 IT 거버넌스의 이해 … 81

　제2절 IT 정책 및 정보시스템 관리 … 97

　제3절 정보시스템 조직 및 BCP … 119

제3장 시스템 도입 및 개발 ————————————— 137

　제1절 프로젝트 관리 및 SW 생명주기 … 139

　제2절 개발방법론 및 정보시스템 유지보수 … 174

　제3절 업무 프로세스 재설계 및 어플리케이션 통제 … 215

제4장 시스템의 운영 및 유지보수 ——————— 245

제1절 정보시스템의 운영 … 247

제2절 네트워크 및 재해복구 계획 … 284

제5장 정보자산 보호(정보보안) ——————— 315

제1절 정보보호의 개념 및 접근통제 … 317

제2절 네트워크 보안 및 암호화 … 342

제3절 네트워크 감사 및 데이터 유출방지 … 370

에필로그 정보보호 관련 인증에 대해 … 389

감사 프로세스 제1장

본 장은 CISA의 영역을 기준으로
"정보시스템 감사 프로세스"에 해당하는 내용으로
아래와 같은 내용을 담고 있다.

- ▶ 정보시스템 감사의 개념 및 기준
- ▶ 감사 위험 및 감사위험관리
- ▶ 단계별 정보시스템 감사 절차
- ▶ 정보시스템 감사인의 자격과 역할
- ▶ 감사문서 종류 및 단계별 감사문서
- ▶ 감사 증거

제1절 감사 및 감사인

1. 감사란 대상에 대한 통제(통제 시스템)가 적절하게 설계되었는지를 평가하고, 통제가 설계 의도대로 작동하고 있는지 테스트하며, 통제 목적이 달성되지 않을 위험을 찾아내는 과정(절차)으로서, 통제의 구조, 운영 및 성과에 대한 합리적이고 독립적인 보증 서비스를 말한다. (O, X)

2. 다음 중 보증에 대한 설명으로 적절하지 않은 것은?

   ① 대상에 대한 신뢰를 높이고 의심(불안)을 낮추기 위한 정보수집 및 검증하는 서비스를 보증이라 한다.

   ② 보증은 일반적으로 보증주체, 보증수준, 보증정도에 따라 그 유형을 분류할 수 있다.

   ③ 비용대비 효과를 고려한 수준의 보증을 합리적 보증이라 하며, 이는 보증 정도에 따른 분류 중 하나이다.

④ 정보시스템 감사는 일반적으로 독립적이고 합리적이며 소극적인 보증의 성격을 보고, 회계감사의 경우는 독립적이고 합리적이며 적극적인 보증의 성격을 보인다.

3. 감사 위험(Audit Risk)에 대한 다음 설명 중, 가장 적절하지 않은 것은?

① 중요한 실패 사례나 허위 주장을 감사인이 적발하지 못한 채 보고서를 발행한 것을 말한다.

② 대표적인 예로 성공한 업무성과에 대해 보증불가의 감사의견을 내는 경우가 있다.

③ 대표적인 예로 실패한 업무성과에 대해 보증의 감사의견을 내는 경우가 있다.

④ 감사 위험(Audit Risk)은 크게 감사성공 오류와 감사실패 오류로 구분할 수 있다.

4. 고유 위험(Inherent Risk)에 대한 다음 설명 중, 가장 적절하지 않은 것은?

① 감사 중에 직면하는 다른 오류와 결합하여 중대하거나 심각한 오류가 존재할 위험을 말한다.

② 회사가 보유한 시스템의 특수성 또는 비즈니스 특성에 의해 발생하는 위험이다.

③ 분석적 기법, 기업 및 산업에 대한 가용 정보 및 감사 분야에 대

한 전반적 지식을 활용하여 평가될 수 있다.

④ 감사인이 장/단기적으로 통제할 수 있는 위험이다.

5. 다음 중 통제 위험(Control Risk)에 대한 설명으로 가장 적절하지 않은 것은?

① 업무 실패 또는 허위 주장이 내부 통제 시스템에 의해 적절히 예방, 적발 및 교정되지않는 것을 말한다.

② 통제의 설계 적합성(Adequacy of Design)과 운영 효과성(Effectiveness of Operation)으로 판단할 수 있다.

③ 감사와는 독립적으로 존재하는 위험이다.

④ 감사인이 단기적으로 통제할 수 없는 위험이다.

6. 다음 중 적발 위험(Detection Risk)에 대한 설명으로 가장 적절하지 않은 것은?

① 감사 절차가 효과적이지 못하여 업무 실패나 허위 주장을 적발하지 못할 가능성을 말한다.

② 적발 위험은 크게 샘플링 위험과 전수 위험으로 구분할 수 있다.

③ 감사 시 샘플이 모집단을 적절히 대표하지 못해 발생하는 적발 위험을 샘플링 위험이라 한다.

④ 감사인이 줄이거나 통제할 수 있는 위험이다.

7. 다음 중 감사위험 관리를 위한 방법에 대한 설명으로 가장 적절하지 않은 것은?

① 목표 감사 위험 수준을 결정하여야 한다.

② 사전 감사 등 감사 계획 단계에서 고유 위험을 평가하여야 한다.

③ 통제 평가 및 통제 테스트 단계에서 통제 위험을 평가하여야 한다.

④ 감사 위험이 용인 가능한 감사 위험보다 높아지는 수준까지 통제 실패 사례를 조사하여, 실증 테스트를 적용한다.

8. 다음의 감사인의 자격에 대한 설명 중 적절하지 않은 것은?

① 감사인은 자기 지배, 이해 상충과 부당한 영향으로부터의 자유롭고 감사 대상 조직이나 조직원으로부터 영향을 받지 않도록 직무상 독립성을 확보해야 한다.

② 감사인은 다른 사람들이 자연스럽게 가지게 되는 견해 혹은 인상에 있어 독립성이 손상된 것으로 지각되어서는 안된다.

③ 감사인은 개발/운영에 적극적으로 참여했거나 중요한 의사결정을 내린 시스템을 감사하는 것은 감사인의 직무상 적격성 확보를 위해 필요하다.

④ 감사인은 업무의 모든 부분에 있어 전문가로서의 정당한 주의가 필요 하고 적용 가능한 전문 감사 기준을 준수해야 한다.

9. 다음의 감사와 관련하여 감사인의 역할 범위에 대한 설명 중 가장 적절하지 않은 것은?

① 감사인은 대상 시스템에 대해서 설계, 설치, 구축, 평가, 검토, 권고하는 역할을 수행한다.

② 감사인은 중요한 오류와 누락 및 부정만을 적발하며, 중요한 위험의 실증에 대한 합리적 보증만을 제공한다.

③ 감사인은 정당한 주의를 다 하더라도 모든 오류와 누락, 부정을 적발하지는 못한다.

④ 감사인은 일반적으로 비금전적 측면에 초점을 맞추어 감사를 수행한다.

10. 다음의 감사관련 문서에 대한 설명 중 가장 적절하지 않은 것은?

① 감사 기능의 역할과 책임에 대해 포괄적으로 정의한 문서를 감사 헌장이라 한다.

② 감사 수임 용역 약정서는 개별 감사 과제에서 감사인의 책임, 권한 및 해명 의무 등의 내용 정의한다.

③ 감사 수행 과정 중 채용한 절차, 수집한 증거, 증거 분석 결과 및 감사인의 중간 의견 등이 포함하는 감사 작업 조서의 소유권은 피감사 조직이 가진다.

④ 감사 보고서는 감사의 목적, 범위 및 결과를 포함한 문서로, 포함 내용에 대한 최종 결정은 감사인이 한다.

11. 다음의 감사증거에 대한 설명 중 가장 적절하지 않은 것은?

① 감사증거란 감사인이 감사 대상에 대해 사전에 수립된 감사 기준이나 목적을 준수하고 있는지 판단하기 위해 사용하는 모든 정보를 말한다.

② 감사 증거의 요건은 크게 양적 요건과 질적 요건으로 구분되며, 양적 요건은 충분성이라하며 확인된 사실들이 근거가 있으며, 객관적으로 뒷받침 되어야 함을 의미한다.

③ 감사증거가 법적 증거로 사용하는 경우 증거의 진정성과 무결성에 대한 입증자료를 확보하여야 한다.

④ 타 감사인(또는 전문가)이 수행한 결과를 활용할 경우, 타 감사인(또는 전문가)이 사용한 증거수집 기법, 절차 및 수집된 증거의 신빙성을 직접 평가한 후 사용해야 한다.

1. 정답 : O

2. 정답 : 3

   ※ 합리적 보증은 보증수준에 따른 분류 중 하나이다.

구분	분류	설명
보증 주체에 따라	자체 보증 또는 자기 확신	업무 수행자 자신에 의한 보증
	독립적 보증	제3자에 의한 보증
보증 수준에 따라	절대적 보증	비용 고려하지 않은 최고 수준 보증
	합리적 보증	비용대비 효과를 고려한 수준의 보증
보증 정도에 따라	적극적 보증	보증기준에 부합함을 보증
	소극적 보증	보증기준에 부합하지 않는다고 말할 수 없음을 보증

3. 정답 : 4

   ※ 감사 위험(Audit Risk)은 1종 오류와 2종 오류로 구분할 수 있다.

   참고로, 감사 위험(Audit Risk, AR)은 중요한 실패 사례나 허위 주장을 감사인이 적발하지 못한 채 보고서를 발행한 것을 말하며, 성공한 업무성과에 대해 보증불가의 감사의견을 내는 경우와 실패한 업무성과에 대해 보증의 감사의견을 내는 경우로 구분된다.

구분		감사의견	
		보증	보증 불가
업무 성과	성공	감사 성공	① 감사 실패(오류)
	실패	② 감사 실패(오류)	감사 성공

4. 정답 : 4

   ※ 고유 위험(Inherent Risk)은 감사인이 장/단기적으로 통제할 수 없는 위험이다.

5. 정답 : 3

   ※ 감사와는 독립적으로 존재하는 위험은 고유위험이며, 감사인이 장/단기적으로 통제할 수 없는 위험을 말한다.
   참고로, 통제 위험(Control Risk, CR)은 업무 실패 또는 허위 주장이 내부 통제 시스템에 의해 적절히 예방, 적발 및 교정되지 않을 가능성을 말하며, 통제의 설계 적합성(Adequacy of Design)과 운영 효과성(Effectiveness of Operation)으로 구분된다.

6. 정답 : 2

※ 적발 위험은 크게 샘플링 위험과 비샘플링 위험으로 구분할 수 있다.

참고로, 적발 위험(Detection Risk, DR)은 감사인의 감사 절차가 효과적이지 못하여 업무 실패나 허위 주장을 적발하지 못할 가능성을 말하며, 적발 위험은 샘플이 모집단을 적절히 대표하지 못할 위험인 샘플링 위험(SR)과 감사인의 판단 미숙이나 부적절한 감사 절차로 인해 적발 실패가 발생할 위험인 비샘플링 위험(NSR)이 있다. 적발위험은 적절한 교육, 훈련, 감사의 강도 조절 등을 통해 감사인이 줄이거나 통제할 수 있는 위험이다.

7. 정답 : 4

※ 감사 위험(AR)이 목표 감사 위험(용인 가능한 감사 위험, AAR)보다 낮아질 수 있는 수준까지 통제 실패 사례를 조사하여, 실증 테스트(적용위험인 DR조정) 적용한다.

8. 정답 : 3

※ 감사인은 개발/운영에 적극적으로 참여했거나 중요한 의사결정을 내린 시스템을 감사해선 안되며, 이는 감사인의 독립성 위배에 해당한다.

9. 정답 : 1

※ 감사인은 평가/검토/권고하는 역할을 수행하며, 설계/설치/구축은 감사인과 관련이 없다.

10. 정답 : 3

※ 감사 작업 조서의 소유권은 감사인이 소속된 조직이 가진다.

11. 정답 : 2

※ 확인된 사실들이 근거가 있으며, 객관적으로 뒷받침 되어야 함을 의미하는 것은 질적 요건의 신뢰성(Reliability)을 말한다.

참고로, 감사 증거의 요건은 크게 양적 요건과 질적 요건으로 구분되며, 양적 요건은 충분성(Sufficiency)이라하며, 다른 감사인들도 동일한 결론에 이를 만큼 완전하고 적합하며 설득력이 있어야 함을 의미하며, 질적 요건은 신뢰성(Reliability)이라하며, 확인된 사실들이 근거가 있으며, 객관적으로 뒷받침 되어야 함을 의미한다.

▣ 감사 및 감사인 보충학습 자료 ▣

앞의 수준확인 문제의 정답 수를 기준으로 보충학습자료의 내용을 다음과 같이 학습할 것을 권고한다.

정답 수	학습 가이드
10문제 이상	아래 보충학습 자료 내의 이론 설명 내용을 빠르게 읽으며 주요 개념 환기한다.
6~9문제	아래 보충학습 자료 내의 이론 설명 내용을 자신의 스타일로 요약정리하며 학습 권고한다.
5문제 이하	이론 설명 내용을 최초 2~3회 이상 정독하여야 하며, 필요한 경우 본 책에서 설명된 주요 개념 등에 대해 추가적인 상세 자료를 통해 꼼꼼하게 학습하기를 권고한다.

1. 감사의 정의

대상에 대한 ① 통제(통제 시스템)가 적절하게 설계되었는지를 평가하고, 통제가 ② 설계 의도대로 작동하고 있는지 테스트하며, 통제 ③ 목적이 달성되지 않을 위험을 찾아내는 과정(절차)으로, 통제의 구조, 운영 및 성과에 대한 합리적이고 독립적인 보증 서비스를 말한다.

2. 보증(Assureance) 서비스

1) 개념
대상에 대한 신뢰를 높이고 의심(불안)을 낮추기 위한 정보수집 및 검증하는 서비스를 말하며, 회계감사, 내부감사, 정보시스템 감사 등이 해당된다.

2) 유형

구분	분류	설명
보증 주체에 따라	자체 보증 또는 자기 확신	업무 수행자 자신에 의한 보증
	독립적 보증	제3자에 의한 보증
보증 수준에 따라	절대적 보증	비용 고려하지 않은 최고 수준 보증
	합리적 보증	비용대비 효과를 고려한 수준의 보증
보증 정도에 따라	적극적 보증	보증기준에 부합함을 보증
	소극적 보증	보증기준에 부합하지 않는다고 말할 수 없음을 보증

※ 정보시스템 감사는 일반적으로 독립적이고 합리적이며 소극적인 보증의 성격을 보고, 회계감사의 경우는 독립적이고 합리적이며 적극적인 보증의 성격을 보임

3. 감사의 절차

• 통제 절차에 대한 보증으로, 통제 절차가 ①통제 목적에 부합되는지에 대해 평가하고, 통제 ②절차가 의도대로 준수되는지에

대한 테스트를 한다.

- 통제 성과에 대한 보증으로, 통제 목적이 달성되지 않아 ③발생하는 위험에 대해 찾아낸다.

4. 감사의 유형

1) 회계 감사 : 특정 조직의 재무제표에 대한 적정성을 평가하는 것

2) 정보시스템 감사 : 정보시스템 통제의 구조, 운영, 성과에 대해 평가하는 것

3) 운영감사 : 특정 프로세스나 내부통제에 대해 평가하는 것

4) 통합감사 : 회계감사, 정보시스템 감사, 운영감사를 통합해서 수행하는 것

5) 경영감사 : 생산성 향상을 위한 경영프로세스에 대해 평가하는 것

6) 준거성감사 : 피감사인이 기 설정된 기준을 준수하였는가에 대해 평가하는 것

7) 법정감사 : 법적 증거로 사용하기 위한 증거 수집형태의 감사

5. 정보시스템(IS) 감사

정보시스템 통제의 구조, 운영 및 성과에 대한 합리적이고 독립적인 보증 서비스를 말한다.

6. ISACA의 정보시스템(IS) 감사 및 보증 기준

1) 목적

정보시스템(IS) 감사인으로서 인정될 수 있는 최소한의 성과수준 제시하는 것이다.

2) 감사 및 보증 기준 프레임워크

① ISACA의 정보시스템(IS) 감사 및 보증 기준 프레임워크는 크게 다음 세가지 수준으로 구성되어 있다.

- 표준(기준, Standards) : 정보시스템(IS) 감사, 보증 및 보고업무 수행시 의무적으로 준수해야할 사항, 강제성이 있음
- 가이드라인(Guidelines) : IS감사 및 보증기준을 적용하기 위한 지침, 따라야 하지만 따르지 않는 경우에 대한 정당성

입증 책임은 감사인이 가짐

- 도구 및 기법(Tool and Techniques) : 감사 수행 중에 따를 수 있는 절차(문서 등)에 대한 예시, 따라야할 의무 없으며 정보 제공 차원임

② 표준 및 가이드라인은 일반, 실행(수행), 보고의 세가지 영역으로 구성되어 있다.

7. 감사 위험(Audit Risk, AR)

1) 정의

중요한 실패 사례나 허위 주장을 감사인이 적발하지 못한 채 보고서를 발행한 것을 말하며, ①성공한 업무성과에 대해 보증불가의 감사의견을 내는 경우와 ②실패한 업무성과에 대해 보증의 감사의견을 내는 경우로 구분된다.

구분		감사의견	
		보증	보증 불가
업무 성과	성공	감사 성공	① 감사 실패(오류)
	실패	② 감사 실패(오류)	감사 성공

2) 감사 위험 구성요소

① 고유 위험(Inherent Risk, IR)

- 관련된 보완 통제가 없다고 가정할 경우, 감사 중에 직면하는 다른 오류와 결합하여 중대하거나 심각한 오류가 존재할 위험을 말한다.
- 감사와는 독립적으로 존재하며 회사가 보유한 시스템의 특수성 또는 비즈니스 특성에 의해 발생하며, 분석적 기법, 기업 및 산업에 대한 가용 정보 및 감사 분야에 대한 전반적 지식을 활용하여 평가될 수 있다.
- 감사인이 장/단기적으로 통제할 수 없는 위험이다.

② 통제 위험(Control Risk, CR)

- 업무 실패 또는 허위 주장이 내부 통제 시스템에 의해 적절히 예방, 적발 및 교정되지 않을 가능성을 말한다.
- 통제의 설계 적합성(Adequacy of Design)과 운영 효과성(Effectiveness of Operation)으로 구분된다.
- 감사인이 단기적으로 통제할 수 없는 위험이다.

③ 적발 위험(Detection Risk, DR)

- 감사인의 감사 절차가 효과적이지 못하여 업무 실패나 허

위 주장을 적발하지 못할 가능성을 말한다.

- 적발 위험은 다음의 2가지로 구분된다.

  * 샘플이 모집단을 적절히 대표하지 못할 위험인 샘플링 위험(SR)

  * 감사인의 판단 미숙이나 부적절한 감사 절차로 인해 적발 실패가 발생할 위험인 비샘플링 위험(NSR)

- 적절한 교육, 훈련, 감사의 강도 조절 등을 통해 감사인이 줄이거나 통제할 수 있는 위험이다.

3) 감사 위험 관리 순서

① 먼저 용인 가능한 감사 위험(목표 감사 위험 수준, AAR : Acceptable Audit Risk) 결정

② 고유 위험(IR)과 통제 위험(CR) 평가

- 사전 감사 등 감사 계획 단계에서 고유 위험을 평가하고 통제 평가 및 통제 테스트 단계에서 통제 위험을 평가

③ 감사 위험(AR)이 목표 감사 위험(AAR)보다 낮아질 수 있는 수준까지 통제 실패 사례를 조사하여, 실증 테스트(적용위험인 DR조정) 적용함

※ AR = IR * CR * DR <= AAR

8. 단계별 정보시스템 감사 절차

1) 연간 감사 계획(Annual Planning)

- 연간 감사 과제를 도출 및 일정을 수립하고, 중대한 변화(인수 합병, 시장 상황의 변화)가 있을 경우 반드시 갱신해야 한다.

2) 개별 감사 계획(Planning)

- 감사 목표를 정의하고 회사가 하고 있는 업무(Business)에 대한 우선적 이해, 조직이 적용 받는 법규환경도 일차적으로 파악한 후 계획 수립하며, 일반적으로 고 위험 영역을 결정해 중점적으로 감사할 영역을 결정한다.

3) 현장 감사(Field Work)

- 통제 설계의 적합성(Adequacy of Design)을 평가하면서 통제 환경 평가하며, 통제 테스트 또는 준거성 테스트(주로 일반통제에 대해 테스트 수행, IS 감사) 실행한다.
- 실증 테스트(주로 응용통제에 대해 테스트 수행, 회계 감사)를 실행한다.

4) 보고(Reporing)

- 피감사인의 동의를 구하는 과정으로 발견 사항에 대한 이해와 교정 조치 동의를 목적으로 수행하며, 보고서는 꼭 필요한 사람들에게만 배포하고 경영진과의 감사 종료회의를 진행한다.

- 감사 종료회의를 통해 경영진의 위험 감수 여부에 대한 공식적인 답변을 받는다.

5) 후속조치(Follow-up)

- 감사인의 권고사항에 대해 경영진이 취한 조치가 목적을 달성하였는지를 검토한다.

- 단, 경영진이 위험을 감수하기로 한 경우, 감사인은 이를 문서화하되 후속 조치를 수행할 책임은 없다.

9. 감사인의 자격과 감사증거

1) 감사인의 자격은 독립성(직무상 독립성, 조직상 독립성), 정당한 주의, 적격성이 요구된다.

2) 감사인은 중요한 오류와 누락 및 부정만을 적발하며, 중요한 위험의 실증에 대한 합리적 보증만을 제공한다.

3) 감사관련 문서

- 감사 헌장(Audit Charter), 감사 수임 용역 약정서(Audit Engagement Letter), 감사 프로그램(Audit Program), 감사 작업 조서(Audit Working Paper), 감사 보고서(Audit Report)
- 감사작업조서는 문서화해야하고 소유권은 감사인에 있으며, 감사보고서 포함내용의 최종 결정은 감사인이 결정한다.

4) 감사 증거의 요건은 양적요건으로 충분성과 질적요건으로 신뢰성이 필요하다.

5) 감사증거 신뢰성에 영향을 미치는 요소는 독립성 또는 외부 원천(External Source), 객관성, 증거 제공자의 자격, 가용시점, 관련성(Relevance), 유용성(Usefulness) 등이 있다.

6) 디지털 증거의 경우, 원본사용을 통제하여야 하며, 원본에 대한 무결성 증명이 필요하다.

제2절 감사의 절차 및 기법

▣ 감사 절차 및 기법 영역 관련 수준확인 문제 ▣

1. 통제의 궁극적 목적은 위험 수준을 0으로 만드는 것이다. (O, X)

2. 위험기반 감사는 IS감사인이 단기적으로 영향을 줄 수 있는 위험인 적발위험과 통제위험을 조절하는 것을 말한다. (O, X)

3. IS통제는 일반통제와 응용통제로 구분되고 적용순서는 일반통제, 응용통제 순서이다. (O, X)

4. COBIT의 주요 원칙에 해당되지 않는 것은?

   ① 이해관계자 Needs충족

   ② 조직의 모든 부문 포괄

   ③ 통합프레임워크 적용

   ④ 총제적 접근방법

   ⑤ 거버넌스와 관리의 통합

5. 위험기반 감사란 IS감사인이 단기적으로 영향을 줄 수 있는 위험인 적발위험을 조절하는 것으로, 적발위험은 입증 노력을 많이 기울일수록 높아진다. (O, X)

6. 감사절차 단계를 순서대로 나열한 것은?

① 계획수립 → 통제평가 → 통제 테스트 → 실증테스트 → 보고 및 후속조치

② 계획수립 → 통제테스트 → 통제 평가 → 실증테스트 → 보고 및 후속조치

③ 계획수립 → 통제테스트 → 준거성테스트 → 입증테스트 → 보고 및 후속조치

④ 계획수립 → 통제평가 → 실증테스트 → 입증테스트 → 보고 및 후속조치

7. 계획수립단계에 대한 설명으로 가장 적절하지 않은 것은?

① 조직의 업무 환경 및 변화를 이해하는 단계이다.

② 이전 감사 업무에서 수집한 정보를 확인하고 관련 자료(문서)들도 조사한다.

③ 분석적 검토, 설문조사 등을 수행하여 감사위험을 평가한다.

④ 피감부서에 감사통지서(Audit Engagement Letter)를 발송한다.

8. 감사 계획 수립 단계에서 설문조사기법은 피감부서 스스로 통제를 평가할 수 있도록 해주는 방법이며, 피감부서가 직접 답변을 한 정보이므로 별도 검증이 필요 없기 때문에, 다소 시간이 많이 소요되지만 선호하는 방법이다. (O, X)

9. 통제평가 단계에 대한 설명으로 가장 적절하지 않은 것은?

　①통제절차의 존재 여부를 파악하는 예비조사 단계이다.

　②존재하는 통제절차의 효과성을 평가한다.

　③고유위험에 대한 1차 평가단계로 평가결과 고유위험이 매우 높게 나타나는 경우 통제테스트를 생략할 수 있다.

　④준거성 감사의 경우, 정책 및 절차를 검토하여 통제규정이 관련 법규를 적절히 반영하고 있는지 평가하는 것이 중요하다.

10. 통제평가 단계의 주요 평가 기법에 대한 설명으로 가장 적절하지 않은 것은?

　①면담과 질의는 업무수행자를 대상으로 구두 또는 문서로 문의하여 통제절차 평가하는 기법이다.

　②통제시스템에 대한 평가항목을 열거한 후, 항목별 평가 결과를 기술하도록 하는 도구를 통제평가설문지라 한다.

　③흐름도는 피감 부서의 업무흐름과 통제절차를 흐름으로 표시함에 따라 통제의 강점과 약점 및 부정이 발생할 가능성이 있

는 곳 식별이 용이한 기법이다.

④ 위험통제매트릭스는 잠재적 위험과 이를 통제하기 위한 대책을 매트릭스 형태로 표시한 것으로, 이를 통해 후속면담이나 타 정보에 대한 검증에 활용할 수 있는 기법이다.

11. 통제 테스트에 대한 설명으로 가장 적절하지 않은 것은?

① 조직에서 적용하고 있는 통제절차를 준수하고 있는지 테스트하는 단계이다.

② 통제 테스트를 준거성 테스트라고도 한다.

③ 다양한 테스트 결과를 바탕으로 통제위험에 대한 최종평가를 한다.

④ 통제위험이 크게 나타나면 입증테스트 노력을 낮춘다.

12. 통제테스트 단계의 주요 평가 기법에 대한 설명으로 가장 적절하지 않은 것은?

① 검사, 관찰, 조사는 감사인이 물리적 자산 상태, 업무 수행 활동 등을 실제로 검사하고 관찰하며 조사하는 기법이다.

② 질의기법을 사용 시, 질의 대상은 질의내용에 대한 충분한 지식과 권한을 가지지 못한 인원으로 선택해야 많은 통제위험을 찾을 수 있다.

③ 추적기법은 프로세스 전체 과정에 대한 이해뿐만 아니라 단계

별 통제 활동의 유무 체크도 가능하다.

④ 코드비교(Code Comparison)는 주로 승인받은 코드와 사용 중인 코드의 타임 스탬프나 해쉬 값을 비교하여 변경 여부 판단하는 기법이다.

⑤ 속성샘플링 기법사용 시, 기대 오류율(감사인이 사전에 예상하는 오류율)이 높으면 더 많은 샘플 추출하여 조사하여야 한다.

13. 실증 테스트에 대한 설명으로 가장 적절하지 않은 것은?

① 실증 테스트는 입증 테스트라고도 한다.

② 실증 테스트 단계에서는 적절한 통제위험 수준을 결정한다.

③ 통제절차가 통제목적을 달성하지 못하는 사례를 적발하고, 오류나 위험의 존재를 실증(입증)하는 활동을 한다.

④ 통제위험이 크게 나타난 위험에 대해 입증테스트 노력을 높여 위반사례를 실증(입증)한다.

14. 실증 테스트 단계의 주요 평가 기법에 대한 설명으로 가장 적절하지 않은 것은?

① 검사, 관찰, 조사기법의 예로 실제 실물확인 및 수량 등을 확인, 백업파일의 버전확인 등이 있다.

② 분석적 검토절차기법의 예로 발견된 오류나 위험 등은 합리적으로 해명될 때까지 상세테스트(TOD)를 수행하는 것이 있다.

③ 속성샘플링기법은 전체 거래 중 일부를 선택하여, 거래의 완전성, 일관성 등을 확인하는 기법이다.

④ 재계산은 실무자가 수행한 처리결과를 IS감사인이 다시 수행하여 그 결과를 비교하는 기법이다.

⑤ 코드검토(Code Review)는 IS감사인이 직접 소스코드의 무결성이나, 소스코드의 오류 등을 검증하는 기법이다.

⑥ 조회(Confirmation)는 재무 잔액 등의 무결성 확인을 위해 외부 거래처에 문의하여 확인하는 기법으로, 다수의 소액 거래를 조회하는 소극적 조회(Negative Confirmation)와 소수의 거액 거래를 조회 하는 적극적 조회(Positive Confirmation)가 있다.

⑦ 추적기법은 처리 및 정보 생성 순서와 방향이 같으면 순방향 추적, 다르면 역방향 추적이라 한다.

15. 보고 및 후속조치단계에 대한 설명으로 가장 적절하지 않은 것은?

① 피감기관이 위험을 용인하기로 한 경우, 감사인은 이를 문서화하여야 한다.

② 감사팀과 피감부서의 이견이 좁혀지지 않으면 보고서에 양측의 의견과 근거를 병기할 수 있다.

③ 종료회의 이후 중요 변경이 있을 경우 최종보고서에 반영할 수 있으나, 최종보고서 배포이후에는 반영할 수 없다.

④ 경영진이 위험을 감수하기로 하였다면, 후속 조치는 필요 없다.

16. 분석적검토절차에 대한 설명으로 가장 적절하지 않은 것은?

① 분석적 검토 절차란 특정 항목과 타 항목간의 합리적 관계가 손상된 사례를 식별하는 평가절차를 통칭한다.

② 분석적 검토 절차는 상황적인 증거만을 제공하기 때문에 반드시 검증절차가 필요하다.

③ 기준 자체가 합리적이지 못한 경우에는 잘못된 결론에 도달할 수 있다.

④ 항목들 간에 존재하는 논리적 관계는 수시로 변화하므로, 수행 전 논리적 관계를 정의하여야 한다.

17. 분석적검토절차 활용에 대한 설명으로 가장 적절하지 않은 것은?

① 주로 회계감사에서 광범위하게 사용되나, 정보시스템 감사에서도 활용된다.

② 감사인이 IT업무환경을 이해하고 감사과제를 계획할 때 활용 가능하다.

③ 통제테스트(준거성테스트) 및 실증테스트(입증테스트)를 강화할 대상을 식별하고 설계하는데 활용 가능하다.

④ 감사보고서 및 작업조서의 내용이 합리적인지 검토할 때도 활용이 가능하다.

18. 분석적검토절차 기법에 대한 설명으로 가장 적절하지 않은 것은?

　① 논리성 테스트는 특정 대상에 대해 일반적인 특징과 차이나는 사항을 조사하는 기법이다.

　② 위험지표 식별은 잠재적인 부정, 오류 및 위험의 존재를 나타내는 지표나 상황이 존재하는지를 조사하는 기법이다.

　③ 비율 분석은 전체 수치 중, 각 항목들이 차지하는 일반적인 비율을 크게 벗어나는 항목이 존재하는지를 조사하는 기법이다.

　④ 추세 분석은 특정한 값이 지속적으로 증가 또는 감소하는 추세를 보일 경우, 그 원인과 영향을 조사하는 기법이다.

　⑤ 회귀 분석은 과거 통계적인 데이터를 통해 여러 항목들 간의 관계를 수식으로 표현하고 이를 평가하거나 예측하는 기법이다.

　⑥ 기간대 기간 비교는 과거 특정 기간과 다른 기간의 성과 및 특성를 비교하여 유사점이나 차이점을 찾는 기법이다.

　⑦ 외부정보와 비교는 예산이나 추정치 등을 외부정보(산업계 평균치 또는 유사 업체의 평균치 등)와 비교하여 특이사항을 찾는 기법이다.

19. 감사품질과 관련된 설명으로 가장 적절한 것은?

　① 감사인은 제3자에 의해 수행되는 통제가 존재한다면 내부통제를 신뢰하기 전에 제3자에 의해 수행되는 통제에 대한 합리적 보증을 얻어야 한다.

② 감사팀장은 타 전문가의 도움을 받은 경우, 타 전문가가 수행한 내용을 활용하여 전체적인 결론을 내리는 것이 적절하다.

③ 감사 수행 시점에 존재했던 중요한 문제가 감사 수행 중 또는 감사 종료 후 해결된 경우, 감사인은 해당 문제점을 최종보고서에서 제외하여야 한다.

④ 만족도 조사는 향후 감사품질 개선에 도움이되므로 필수 과정이다.

⑤ 후속 검토란, 피감부서가 감사팀과 합의한 시정조치를 계획대로 이행하였는지에 대해 정보시스템 감사인이 확인하는 것을 말하며, 수용한 위험에 대해서도 확인하여야 한다.

20. 제3자에 의한 통제에 대해 보증을 얻는 방법으로 가장 적절하지 않은 것은?

① 감사인이 직접 제3자에 의해 수행되는 통제절차를 평가/테스트하는 방법

② 제3자가 자체적으로 통제절차를 평가/테스트하고, 감사인이 참관하는 방법

③ 제3자가 외부 감사를 통해 제공하는 통제절차에 대해 보증하는 방법

④ 서비스를 받는 조직(고객)이 직접 제3자에 의해 수행되는 통제절차를 평가/테스트하는 방법

1. 정답 : X

   ※ 통제는 위험 수준을 0으로 만드는 것이 아니라 관리가능 수준
   (허용수준)으로 만드는 것이며, 위험은 0으로 만들 수 없다.

2. 정답 : X

   ※ IS감사인이 단기적으로 영향줄 수 있는 위험은 적발위험뿐이다.

3. 정답 : O

4. 정답 : 5

   ※ COBIT의 원칙은 이해관계자 Needs충족, 조직의 모든 부문 포
   괄, 통합프레임워크 적용, 총제적 접근방법, 거버넌스와 관리
   의 분리 이다.

5. 정답 : X

   ※ IS(정보시스템) 감사인이 단기적으로 영향을 줄 수 있는 위험인
   적발위험을 조절하는 것으로, 적발위험은 입증 노력을 많이 기
   울일수록 낮아진다.

6. 정답 : 1

7. 정답 : 3

　※ 계획 수립 단계에서는 분석적 검토, 설문조사 등을 수행하여
　　고유위험을 평가한다.

8. 정답 : X

　※ 설문조사는 피감부서 스스로 통제를 평가할 수 있도록 해주나,
　　피감부서 답변에 대해서 타 정보로 검증을 해야하므로 시간이
　　많이 소모된다.

9. 정답 : 3

　※ 통제위험에 대한 1차 평가단계로, 평가결과 통제위험이 매우
　　높게 나타나는 경우 통제테스트를 생략할 수 있다.

10. 정답 : 4

　※ 통제평가설문지를 이용하여, 피감부서의 정보를 수집한 후에
　　후속면담이나 타 정보에 대한 검증에 활용할 수 있다.

11. 정답 : 4

　※ 통제위험이 크게 나타나면 입증테스트 노력을 높이고, 낮으면 입증테스트 노력을 낮출 수 있다.

12. 정답 : 2

　※ 질의기법을 사용 시, 대상은 질의내용에 충분히 답변가능한 지식과 권한을 갖춘 사람을 선택하여야 한다.

13. 정답 : 2

　※ 입증 테스트라고도 하며, 적절한 적발위험 수준을 결정한다.

14. 정답 : 2

　※ 변량샘플링 : 전체 거래 중 일부를 선택하여, 거래의 완전성, 일관성 등을 확인하는 기법이다.

15. 정답 : 3

　※ 최종보고서 배포 이후 중요 변경이 있는 경우 교정본을 후속 제공할 수 있다.

16. 정답 : 4

※ 분석적 검토 절차는 항목들 간에 존재하는 논리적 관계는 환경이 변하지 않는 한 유지된다는 전제에서 시작한다.

17. 정답 : 4

※ ARP(분석적검토절차)는 주로 감사보고서의 내용이 합리적인지 검토할 때 활용이 가능하다.

18. 정답 : 1

※ 합리성 테스트는 특정 대상에 대해 일반적인 특징과 차이나는 사항을 조사하는 기법이다.

19. 정답 : 1

※ 감사팀장은 타 전문가의 도움을 받는 경우, 타 전문가가 적용한 절차, 기법, 의견 및 결론 등의 타당성을 검토하고 합리적이고 적합하다는 확신을 얻어야 하며, 확신을 얻은 경우에만 타 전문가가 수행한 내용을 활용하여 전체적인 결론을 내리는 것이 적절한다.
참고로, 감사 수행 시점에 존재했던 중요한 문제가 감사 수행 중 또는 감사 종료 후 해결된 경우, 감사인은 해당 문제점을 최

종보고서에서 제외해야 하는 것은 아니다. 또한, 만족도 조사는 필수 과정은 아니나, 향후 감사품질 개선에 도움이 될 수 있다. 아울러, 수용한 위험은 후속감사대상은 아니다.

20. 정답 : 4

※ 제3자에 의한 통제에 대해 보증을 얻는 방법은 다음의 3가지로 구분된다.

- 감사인이 직접 제3자에 의해 수행되는 통제절차를 평가/테스트하는 방법
- 제3자가 자체적으로 통제절차를 평가/테스트하고, 감사인이 참관하는 방법
- 제3자가 외부 감사를 통해 제공하는 통제절차에 대해 보증하는 방법

▣ 감사 절차 및 기법 보충학습 자료 ▣

앞의 수준확인 문제의 정답 수를 기준으로 보충학습자료의 내용을 다음과 같이 학습할 것을 권고한다.

정답 수	학습 가이드
16문제 이상	아래 보충학습 자료 내의 이론 설명 내용을 빠르게 읽으며 주요 개념 환기한다.
10~15문제	아래 보충학습 자료 내의 이론 설명 내용을 자신의 스타일로 요약정리하며 학습 권고한다.
9문제 이하	이론 설명 내용을 최초 2~3회 이상 정독하여야 하며, 필요한 경우 본 책에서 설명된 주요 개념 등에 대해 추가적인 상세 자료를 통해 꼼꼼하게 학습하기를 권고한다.

1. 위험관리와 통제의 의미, 통제의 유형

1) 위험은 특정 위협이 자산의 취약점을 이용해서 해당 자산에 손실을 발생시킬 가능성으로, 위험(잔여위험)을 수용(용인)할 수 있는 수준으로 줄이는 일련의 행위를 위험관리라 한다.

2) 비즈니스 목적 달성을 위한 위험관리에 사용되는 모든 요소(예: 정책, 절차, 프랙티스, 조직구조 등)를 통제라하고, IS(정보시스템)에 특화된 것을 IS통제라 한다.

3) 통제를 설계하고 운영하며 합리적 보증을 제공할 책임은 경영진에게 있다

4) 통제의 목적은 가치극대화, 정보보호, 사회적책임 이다.

5) 통제는 적용시점, 구현방법, 강화방법, 적용범위에 따라 각각 분류된다.

구분	종류	설명
적용 시점에 따라	예방통제 (Preventive Control)	• 위험, 사건 등이 발생하지 않도록 사전에 적용하는 통제 • 관련인원이 바람직한 행동을 하도록 기준과 방향을 제시함 • 예: 정책/지침, 접근통제, 신원확인, 직무분리 등
	적발통제 (Detective Control)	• 위험, 사건 등이 발생하면 식별하고 보고하는 통제 • 지속적인 감시와 주기적 검토가 필수 • 예: 화재 경보기, 침입탐지기, FW/IDS/IPS, CCTV 등
	교정통제 (Corrective Control)	• 발생한 위험, 사건에 대해 피해 확산을 막기 위한 통제 • 문제 당사자에 대해 처벌하고 재발방지 대책 수립 필요 • 예: 비상조치, 징계조치, 소화기 등 ※ 복구통제로 세분하기도 함
	복구통제 (Recovery Control)	• 발생한 위험, 사건에 따른 혼란과 피해를 복구하는 통제 • 장애 등을 처리하고, 기능을 복구함 • 예: 데이터 백업, BCP/DRP 등
구현 방법에 따라	관리적통제 (Admini strative Control)	• 정책, 지침, 절차 등 기준을 제시하는 통제 • 일반적으로 물리적, 기술적 통제에 의해 강제됨 • 예: 정책/지침, 인식교육, BCP/DRP 등
	기술적통제 (Techno logical Control)	• 자동화된 방식을 통한 통제 • 논리적 통제라고도 함 • 관리적통제의 효과성과 효율성을 향상시킴 • 예: FW/IDS/IPS, 접근통제시스템, 암호화시스템 등

구분	종류	설명
구현 방법에 따라	물리적통제 (Physical Control)	• 담장, 자물쇠 등과 같은 물리적 관점의 통제 • 관리적, 기술적 통제의 효과성은 물리적 통제에 의함 • 예: 담장, 바리케이트, 자물쇠, 조명 등
강화 방법에 따라	보완통제 (Compen sating Control)	• 기존 통제의 약점을 보완하기 위한 통제 • 예: 예방통제가 미흡한 경우, 적발이나 교정통제로 보완하는 형태
	중복통제 (Over lapping Control)	• 통제의 강도를 높이기 위해 같은 목적 통제 병행하는 통제 • 지나친 중복은 자원낭비를 초래할 수 있음 • 예: ID/PW인증 + 지문인증 등
적용 범위에 따라	일반통제	• 조직의 모든 영역에 적용되는 통제 • 예: 회계통제, 운영통제 등
	특화통제	• 특정 영역에 적용되는 통제 • 예: IS통제(정보시스템과 관련된 일반적 통제), 응용 통제(특정 응용시스템과 관련된 통제) 등

6) 통제 모형으로는 COSO모형(내부통제)와 COBIT(IS통제, 2019가
   최신)가 대표적이다.

7) COBIT의 원칙은 이해관계자 Needs충족, 조직의 모든 부문 포
   괄, 통합프레임워크 적용, 총체적 접근방법, 거버넌스와 관리

의 분리이다.

8) COBIT 프로세스 성숙도 6단계

- 불완전한 프로세스(0단계) : 프로세스 미실행 or 목적달성 안됨

- 수행된 프로세스(1단계) : 실행된 프로세스가 목적을 달성함

- 관리된 프로세스(2단계) : 프로세스가 관리(계획,감시,조정)됨

- 확립된 프로세스(3단계) : 정의된 절차에 의해 프로세스 실행됨

- 예측가능한 프로세스(4단계) : 프로세스의 최종성과가 허용한
  계 내에서 운영됨

- 최적화된 프로세스(5단계) : 현재 및 미래 목표 달성할 수 있도
  록 프로세스가 지속적으로 개선됨

2. 감사 절차 및 기법(COSO, Cobit 모형 등 통제 모형)

1) 일반적인 IS감사절차는 감사위험을 염두에 두고 진행하며 이를
   위험기반 감사 절차라 한다.

2) 감사 절차는 계획 수립 절차 → 통제 평가 절차 → 통제 테스트

절차 → 실증 테스트 절차 → 보고 및 후속조치 절차로 수행한다.

① 계획 수립 절차 : 조직 환경을 이해하고, 감사 목적/범위/기간/예산 등 결정하는 단계

② 통제 평가 절차 : 통제 절차의 존재여부 파악하는 단계

③ 통제 테스트 절차 : 통제 절차의 준수여부 파악하는 단계

④ 실증 테스트 절차 : 통제 절차의 오류 등을 실증(입증)하는 단계

3) 단계별 통제절차 평가기법

① 계획수립 : 분석적(ARP) 검토, 설문조사

② 통제평가 : 면담과 질의(통제평가설문지), 흐름도 작성, 위험 통제 매트릭스 작성

③ 통제 테스트 : 검사/관찰/조사, 질의(Inquiry) 및 재수행(re-performance), 추적(Tracing), 코드비교(Code Comparison), 속성 샘플링, 분석적 검토(ARP) 절차

④ 실증 테스트 : 검사/관찰/조사, 분석적 검토(ARP) 절차, 변량 샘플링, 재계산, 코드검토(Code Review), 조회, 추적, 개괄적 검토

4) 준거성 감사 vs 준거성 테스트

준거성 감사 (Compliance Audit)	관련 법률이나 규정에 맞는지에 대해 감사를 수행하는 것
준거성 테스트 (Test of Control)	통제 및 운영의 효과성을 얻고자 관련 통제 및 운영 현황을 샘플 테스트해 보는 것

3. 감사 절차 및 기법

(계획수립, 통제평가, 통제테스트, 실증, 보고 및 후속조치)

1) 보고 및 후속조치 : 보고서초안전달 → 종료회의 → 보고 → 만족도조사 → 후속감사 로 진행한다.

2) 경영진이 위험을 감수하기로 하였다면, 감사인은 그 사실을 문서화하고 후속 조치는 필요 없다.

3) 분석적 검토 절차(ARP)란, 특정 항목과 타 항목간의 합리적 관계가 손상된 사례를 식별하는 평가절차를 통칭하여 말하며, 상황적인 증거만을 제공하기 때문에 확인/검증 절차를 수행하여야 한다.

분석적 검토 절차는 기준 자체가 합리적이지 못한 경우에는 잘못된 결론에 도달할 수 있다는 한계점 존재한다.

분석적 검토 절차는 감사인이 IT업무환경을 이해하고 감사과제를 계획할 때 활용 가능하다.(예: 신규 ERP개발 프로젝트에서 특정 서브 시스템 개발 비용과 일정이 계획대비 크게 초과한 경우, 해당 서브 시스템에 대한 집중 감사를 계획함)

분석적 검토 절차는 통제테스트(준거성테스) 및 실증테스트(입증테스트)를 강화할 대상을 식별하고 설계하는데 활용 가능하다.

분석적 검토 절차는 감사보고서의 내용이 합리적인지 검토할 때도 활용이 가능하다.

분석적 검토 절차기법으로는 합리성 테스트, 위험지표 식별, 비율 분석, 추세 분석, 회귀 분석, 기간대 기간 비교, 외부정보와 비교 등이 있다.

4) 감사품질 유지 관련사항

- 제3자에 의해 수행되는 통제에 대한 합리적 보증을 얻어야 하며, 제3자에 의한 통제에 대해 보증을 얻는 방법은 다음과 같다.

  * 감사인이 직접 제3자에 의해 수행되는 통제절차를 평가/테스트하는 방법

＊ 제3자가 자체적으로 통제절차를 평가/테스트하고, 감사인이
　　　참관하는 방법

　　＊ 제3자가 외부 감사를 통해 제공하는 통제절차에 대해 보증하
　　　는 방법

● 감사팀의 전문성과 관련사항으로, 감사팀장은 타 전문가의
　도움을 받는 경우, 타당성을 검토하고 합리적이고 적합하다
　는 확신을 얻어야 한다.

● 최종감사 보고서 배포 전에 중요한 변경이 발생한 경우, 감사
　인은 최종보고서에 반영해야 하며, 최종감사 보고서 배포 후
　중요한 변경이 발생한 경우, 기존 보고서를 회수하고 갱신된
　보고서를 재 배포할 수 있다.
　아울러, 감사 수행 시점에 존재했던 중요한 문제가 감사 수행
　중 또는 감사 종료 후 해결된 경우, 감사인은 해당 문제점을
　최종보고서에서 제외해야 하는 것은 아니며, 만족도 조사는
　필수 과정은 아니다.

● 감사팀장은 자신이 담당한 감사과제에 대한 품질관리 책임을
　지게 된다.

제3절 부정적발 및 샘플링

▣ 부정적발 및 샘플링 영역 관련 수준확인 문제 ▣

1. 부정행위란 경영자, 내부의 감시조직, 종업원 또는 제3자가 불법적이거나 부당한 이득을 얻기 위해 의도적으로 행한 기만행위를 말하며, 제대로 된 내부 통제가 있다면 모든 부정을 완벽하게 제거할 수 있다. (O, X)

2. IS감사인이 감사 중 부정행위의 가능성을 발견한 경우 부정행위자의 증거 인멸이 우려되는 경우 이를 방지하기 위해 즉시 부정행위 수사를 할 수 있다. (O, X)

3. IS감사인은 외부 기관과 공조한 경우, 필요하다 판단되는 경우 감사인의 권한으로 감사 내용을 외부기관에 보고할 수 있다. (O, X)

4. 샘플링에 대한 설명으로 적절하지 않은 것은?

① 모집단이 소수의 대상으로 구성되어 있는 경우 적합한 방법이다.

② 통계적 샘플링에는 무작위 샘플링과 체계적 샘플링이 있다.

③ 비통계적 샘플링에는 무계획 샘플링과 판단샘플링이 있다.

④ 속성샘플링(Attribute Sampling)은 총 오류율과 허용가능 오류율을 비교하여 통제위험을 평가한다.

⑤ 변량샘플링(Variable Sampling)은 추정된 오류와 허용 가능 오류를 비교하여 해당정보의 오류여부를 판단한다.

5. 감사도구와 기법에 대한 설명으로 적절하지 않은 것은?

① CAATs란 컴퓨터를 활용하는 감사의 기법을 통칭한다.

② 감사SW 중 복잡한 계산이나 매우 독특한 목적으로 사용되는 감사 SW를 말함를 GAS(Generalized Audit Software, 범용감사SW)라 한다.

③ CSA(Control Self Assessment, 자가통제평가)은 전통적 감사 접근법에 위험 분석과 자가 평가를 합친 방식이다.

④ CSA는 현업관리자들이 CSA프로세스의 주체이고, IS 감사인은 내부 통제 전문가 및 평가 촉진자의 역할을 수행한다.

6. 무작위 샘플링에 대한 설명으로 가장 적절하지 않은 것은?

① 모든 추출항목은 난수발생기를 이용하여 표본을 추출한다.

② 샘플링전에 난수발생기를 이용하여 추출간격을 결정한다.

③ 추출 간격이 일정하지 않고 무작위이다.

④ 전체 모집단 대변 가능성이 가장 높은 샘플링 방식이다.

7. 샘플링에 대한 설명으로 가장 적절하지 않은 것은?

① 통계적 샘플링은 샘플링 전체 과정에서 통계학적 이론과 개념이 적용된다.

② 통계적 샘플링은 모집단에 대한 추론(추정)도 객관적이고 검증된 방법으로 이루어진다.

③ 비통계적 샘플링은 표본크기 결정이나 선택 시 확률이론을 적용하지 않고 주관적 판단에 의해 결정한다.

④ 비통계적 샘플링을 사용 시 샘플링 위험이 증가하거나 효율이 감소하므로 일반적 감사기준에서는 통계적 샘플링을 권고한다.

8. 감사인이 비통계적 샘플링보다 통계적 샘플링을 사용해야 하는 이유로서 가장 적절한 것은?

① 가장 일반적이며 보편적인 샘플링 방식이기 때문에

② 비통계적 샘플링을 사용 시 샘플링 위험이 증가하기 때문에

③비통계적 샘플링에 비해 일반적으로 비용이 적게들기 때문에

④모집단에 대한 추정을 객관적이고 검증된 형태로 제공하기 때문에

9. 비통계적 샘플링의 표본 추출 방식이 아닌 것은?

①체계적 샘플링

②무계획 샘플링

③의도적 샘플링

④블록샘플링

10. 무계획 샘플링에 대한 설명으로 가장 적절하지 않은 것은?

①난수발생기를 이용하여 표본을 추출하므로 추출 간격이 일정하지 않고 무작위이다.

②아무런 근거나 기준 없이 우연히 선택되는 항목을 추출하는 방법이다.

③의도적 편의성이나 예측가능성을 피하여야 하는 방식이다.

④우발적 샘플링이라도 하며, 비통계적 샘플링의 대표적인 표본추출방법이다.

11. 다음 조건에서 속성 샘플링에 의한 총오류율은 얼마인가?

> 속성 샘플링 건수 1,000건 중 30건의 오류 발견
> 허용가능 오류율 5%
> 기대 오류(표본 오류)율 3%
> 샘플 오류 보정율 2%

① 3%

② 4%

③ 5%

④ 6%

12. (11번 문제 연장) 상기 조건에서 감사 의견으로 가장 적절한 것은?

① 총 오류율이 3%로 허용가능 오류율보다 낮으므로 통제위험 낮게 평가한다.

② 총 오류율이 4%로 허용가능 오류율보다 낮으므로 내부통제 신뢰 가능하다.

③ 총 오류율이 5%로 허용가능 오류율과 같으므로 통제위험 낮게 평가한다.

④ 총 오류율이 6%로 허용가능 오류율보다 높으므로 내부통제 신뢰할 수 없다.

13. 속성샘플링에 대한 설명으로 가장 적절하지 않은 것은?

① 통제테스트(준거성테스트)에서 대표적인 샘플링 조사 방법이다.
② 표본오류율(표본에서 발견된 오류의 비율)을 바탕으로 총 오류율 추정한다.
③ 총 오류율이 허용가능 오류율보다 같거나 큰 경우 통제 위험을 높게 평가한다.
④ 총 오류율이 4%이고 허용가능 오류율이 5%라면 내부통제는 신뢰할 수 있다.

14. 속성샘플링에 대한 설명으로 가장 적절하지 않은 것은?

① 속성샘플링은 샘플의 크기를 확정하여 샘플링하며, 빈도 추정 샘플링이라고도 한다.
② 단속적 샘플링은 기대 오류가 매우 낮을 때 작은 크기 샘플로 기대 오류 수준을 검증한다.
③ 색출 샘플링은 오류가 허용가능 오류율보다 낮으면 통제 절차를 불신한다.
④ 단속적 샘플링은 작은 크기 샘플의 오류율이 허용가능 오류율보다 높으면 속성 샘플 크기에 이를 때까지 계속 샘플을 추출한다.

15. 변량샘플링에 대한 설명으로 가장 적절하지 않은 것은?

① 실증테스트(입증테스트)에서의 대표적인 샘플링 방식이다.

② 추정된 오류와 허용 가능 오류를 비교하여 해당정보의 오류여부 판단한다.

③ 대표적인 유형으로 평균추정, 비율추정, 차이추정이 있다.

④ 해당 정보에 중요한 오류가 있다고 판단하는 경우는 추정 오류가 허용가능오류보다 작은 경우이다.

16. 다음의 조건에서 변량샘플링으로 평균, 비율, 차이추정한 결과로 옳은 것은?

구분	모집단 장부값	표본(샘플)의 장부값	표본(샘플)의 참값	총 거래 건수	표본 거래 건수
매출잔액 감사	10,000만 원	500만 원	400만 원	200건	20건

　　　평균추정　　　　/ 비율추정　　　　/ 차이추정

① 6,000만원 과다 계상 / 2,000만원 과다 계상 / 1,000만원 과다 계상

② 5,000만원 과다 계상 / 3,000만원 과다 계상 / 2,000만원 과다 계상

③ 4,000만원 과다 계상 / 2,000만원 과다 계상 / 3,000만원 과다 계상

④ 3,000만원 과다 계상 / 1,000만원 과다 계상 / 6,000만원 과다 계상

17. (16번 연장) 위 상황에서 허용 가능 오류를 2,000만원이라 했을 때 평균, 비율, 차이추정한 결과에 대한 감사 의견으로 적절한 것은?

평균추정   / 비율추정   / 차이추정

① 잔액에 중요 오류 없음 / 잔액에 중요 오류 있음 / 잔액에 중요 오류 있음

② 잔액에 중요 오류 있음 / 잔액에 중요 오류 있음 / 잔액에 중요 오류 없음

③ 잔액에 중요 오류 있음 / 잔액에 중요 오류 없음 / 잔액에 중요 오류 없음

④ 잔액에 중요 오류 있음 / 잔액에 중요 오류 없음 / 잔액에 중요 오류 있음

18. 샘플링 위험에 대한 설명으로 가장 적절하지 못한 것은?

① 샘플링 위험이란 샘플링의 결과가 전수검사 결과와 다른 것을 말한다.

② IS감사인은 샘플링 위험을 없애기 위해 전문가적인 판단과 주의를 기울여야 한다.

③ 위반이 심각함에도 통제를 신뢰한다고 하는 것을 2종오류라 한다.

④ 중요한 오류가 없는 것에 대한 결과 불신한다고 하는 것을 알파위험이라 한다.

19. 다음 빈칸에 적절한 용어를 ①-②-③순서대로 나열한 것은?

구분	통제테스트	①
②	• 위반이 심각함에도 통제를 신뢰	• 중요한 오류가 있는 것에 대한 결과 신뢰
③	• 실제로는 위반이 없거나 사소한 것에 대한 불신	• 위반이 사소하거나 없음에도 주장을 불신

① 입증테스트 – 알파위험 – 베타위험

② 실증테스트 – 베타위험 – 알파위험

③ 준거성테스트 – 1종위험 – 2종위험

④ 준거성테스트 – 2종위험 – 1종위험

20. CAATs기법 중 응용처리의 무결성 검증에 유용한 방식이 아닌 것은?

① 스냅샷(Snapshot)

② Audit Hook

③ 태깅

④ 매핑

21. CSA(자가통제평가)에 대한 설명으로 가장 적절하지 않은 것은?

① IS 감사인은 내부 통제 전문가 및 평가 촉진자의 역할을 수행한다.

② 업무에 대한 세부지식이 필요한 고위험 분야를 식별하고자 할 때 사용하는 기법이다.

③ 모든 부서 인력이 본인 업무에 있어서 통제 분석 담당자 역할 수행하는 방식이다.

④ 효과적이고 개선된 내부통제로서 감사 기능의 대체이다.

1. 정답 : X

※ 내부 통제가 있다하여도 모든 부정을 완벽하게 제거할 수 없기에 IT가 만들어준 환경 속에서 통제를 우회하거나 취약점을 악용하여 부정을 저지를 수 있는 모든 가능성을 파악하고 인지하는 것이 IS감사인의 임무임

2. 정답 : X

※ 부정행위 수사의 책임은 보안직원이나 법무담당 직원에게 있으므로, 부정행위 수사 시 이들과 공조하는 것이 효과적임

3. 정답 : X

※ 외부 보고는 경영진의 책임임(감사인이 함부로 외부기관에 보고해서는 안됨) 단, 외부 보고의 책임이 감사인에게도 있는 경우, 감사관리자 및 법률부서와 협의 후 행동하여야 함

4. 정답 : 1

※ 전수조사가 더 적절한 경우는 다음과 같다.

- 모집단이 소수의 대상(항목)으로 구성되어 있는 경우
- 고유위험과 통제위험이 높은 상황에서 다른 감사절차로는 충분하고 적합한 감사증거를 수집할 수 없는 경우
- 전수검사를 위한 시간, 비용 등이 적은 경우

5. 정답 : 2

※ GAS(Generalized Audit Software, 범용감사SW) : 다양한 형태의 계산, 샘플링 및 데이터 분석에 사용되는 일반적인 감사 SW를 말한다.

참고로, SAS(Special Audit Software, 전용감사SW) : 복잡한 계산이나 매우 독특한 목적으로 사용되는 감사 SW를 말한다.

6. 정답 : 2

※ 샘플링 전에 추출 간격을 결정하지 않는다.

7. 정답 : 4

※ 비통계적 샘플링을 사용해도 샘플링 위험이 증가하거나 효율이 감소하지는 않는다.

8. 정답 : 4

※ 비통계적 샘플링도 많은 경우 사용되고 있으며 조사목적 달성도 가능하므로 무조건 통계적 샘플링이 우수한 방법이라 말할 수 없다. 또한, 비통계적 샘플링을 사용해도 샘플링 위험이 증가하거나 효율이 감소하지는 않으며, 일반적으로는 비통계적 샘플링이 더 적은 비용이 든다.

9. 정답 : 1

10. 정답 : 1

※ 난수발생기를 이용하여 표본을 추출하므로 추출 간격이 일정하지 않고 무작위인 것은, 무작위 샘플링이다.

11. 정답 : 3

※ 총 오류율 = 표본 오류율 + 샘플링 오류 보정 = (30건/1000건 : 3%) + 2% = 5%

12. 정답 : 3

※ 총 오류율 (5%)이 허용 가능 오류율(5%)과 같으므로, 통제위험을 낮게 평가하며 이는 내부 통제를 신뢰할 수 있다.

13. 정답 : 3

※ 총 오류율 〉허용가능 오류율 : 통제위험을 높게 평가한다.

14. 정답 : 3

※ 색출 샘플링은 오류(위반)이 한건이라도 발견되면 통제 절차를 불신한다.

15. 정답 : 4

※ 추정된 오류 〉허용가능 오류 : 해당 정보에 중요한 오류가 있다고 판단한다.

16. 정답 : 1

※ 결과

구분	추정 식	추정 값
평균 추정	• 표본의 건별 평균을 토대로 전체 값을 추정하는 방식 • 추정 값 = 총 건수 X 건별 평균 ※ 건별 평균 = 표본의 참값 / 표본의 거래 건수	• 건별 평균 = 400만원 / 20건 = 20만원/건 • 추정 값 = 200건 * 20만원/건 = 4,000만원 • 판단 = 장부 값(10,000만원) 〉추정 값(4,000만원) = 장부 값이 추정 값보다 6,000만원 많음. • 즉 6,000만원 과다 계상함

비율 추정	• 표본의 비율을 토대로 전체 값을 추정하는 방식 • 추정 값 = 전체 값(모집단 장부값) X 건별 비율 ※ 건별 비율(참값과 장부값의 비율) = 표본의 참값 / 표본의 장부값	• 건별 비율 = 400만원 / 500만원 = 0.8 • 추정 값 = 10,000만원 * 0.8 = 8,000만원 • 판단 = 장부 값(10,000만원) 〉 추정 값(8,000만원) = 장부 값이 추정 값보다 2,000만원 많음. • 즉 2,000만원 과다 계상함
차이 추정	• 표본의 건별 평균차이를 토대로 전체를 추정하는 방식 • 추정 값 = 모집단 장부 값 + 총 건수 X 건당차이 금액 ※ 건당 차이 금액 = (표본 참값 – 표본 장부 값) / 표본 크기	• 건당 차이 금액 = (400만원 – 500만원) / 20건 = –5만원/건 • 추정 값 = 10,000만원 + 200건 * (–5만원/건) = 9,000만원 • 판단 = 장부 값(10,000만원) 〉 추정 값(9,000만원) = 장부 값이 추정 값보다 1,000만원 많음. • 즉 1,000만원 과다 계상함

17. 정답 : 4

※ 추정된 오류 〈= 허용가능 오류 : 해당 정보에 중요한 오류가 없다고 판단한다.

※ 추정된 오류 〉 허용가능 오류 : 해당 정보에 중요한 오류가 있다고 판단한다.

18. 정답 : 2

　※ IS감사인은 샘플링 위험을 낮추기 위해 전문가적인 판단과 주
　　의를 기울여야 하며, 표본 구성이 잘못될 가능성을 완전히 제거
　　할 수는 없다.

19. 정답 : 2

20. 정답 : 2

　※ 감사후크(Audit Hook)는 내장 감사 모듈(Embedded Audit Module)
　　로서 조사 대상 거래 추출 기법이다.

21. 정답 : 4

　※ CSA(자가통제평가)는 감사의 대체가 아니다.

▣ 부정적발 및 샘플링 보충학습 자료 ▣

참고로, 수준확인 문제의 정답수를 기준으로 보충학습자료를 활용하기 위한 가이드에 따라 추가 학습을 권고한다.

정답 수	학습 가이드
17문제 이상	아래 보충학습 자료 내의 이론 설명 내용을 빠르게 읽으며 주요 개념 환기한다.
10~16문제	아래 보충학습 자료 내의 이론 설명 내용을 자신의 스타일로 요약정리하며 학습 권고한다.
9문제 이하	이론 설명 내용을 최초 2~3회 이상 정독하여야 하며, 필요한 경우 본 책에서 설명된 주요 개념 등에 대해 보다 상세한 자료를 통해 꼼꼼하게 학습하기를 권고한다.

1. 부정적발

1) 부정행위란 불법적이거나 부당한 이득을 얻기 위해 의도적으로 행한 기만행위를 말하며, 통제를 우회하거나 취약점을 악용하여 부정을 저지를 수 있는 모든 가능성을 파악하고 인지하는 것이 IS감사인의 임무이다.

2) 부정행위와 관련해, 경영인은 내부 통제시스템을 설계하여 운영하여야 하고, IS감사인은 내부 통제시스템의 적합성과 효과성을 조사하고 평가하여야 한다.

   ※ 참고로, 부정행위 수사의 책임은 보안직원이나 법무담당 직원에 있다.

3) 부정수사는 감지 단계(이상 징후를 감지한 후 상세 조사의 필요성 판단) → 수사 단계(부정행위가 실제 존재함을 증명) → 보고 단계로 이루어진다.

4) 오류에는 1종 오류(과소 신뢰, 부당 기각의 오류로 참을 거짓으로 판단)와 2종 오류(과대 신뢰, 부당 채택의 오류, 거짓을 참으로 판단)가 있다.

2. 1종 및 2종 오류는 적절하게 부정적발을 하지 못한 경우가 오류이고, 1종과 2종으로 구분된다.

1) 일반적인 개념(정의)

- 1종 오류 : 과소 신뢰, 부당 기각의 오류(참을 거짓으로 판단)
- 2종 오류 : 과대 신뢰, 부당 채택의 오류(거짓을 참으로 판단)

2) 여러 업무에서의 1종, 2종 오류 개념과 구분

① 감사오류 : 감사절차의 부적절성이나 판단상의 실수로 인한 잘못된 감사의견

- 1종 오류 : 적정 의견이 맞음에도 부적정 의견을 제시한 오류
- 2종 오류 : 부적정 의견이 맞음에도 적정 의견을 제시한 오류

② 가설검정오류(샘플링 오류) : 샘플링 기법에 기반한 가설검정 결과가 잘못된 오류

- 1종 오류 : 가설이 참임에도 이를 기각한 오류
- 2종 오류 : 가설이 거짓임에도 이를 채택한 오류

③ 인증오류 : 접근통제 시스템이 사용자 인증을 잘못한 오류

- 1종 오류 : 승인받은 적절한 인원을 거부한 오류

- 2종 오류 : 승인받지 않은 부적절한 인원을 승인한 오류

④ 침입탐지오류 : 침입이나 공격 탐지를 잘못한 오류

- 1종 오류 : 침입이나 공격이 없는데도 경고를 발생한 오류

- 2종 오류 : 침입이나 공격이 있음에도 경고를 발생하지 않은 오류

3. 샘플링

1) 감사 샘플링이란 감사에서 모집단에 포함된 데이터 중 일부 표본에 대해 테스트를 하여 결과를 추론하는 것이다.

2) 샘플링보다 전수조사가 더 적절한 경우(모집단이 소수, 다른 감사절차로 충분하지 않을 때) 있다.

3) 샘플링은 통계적 샘플링, 비통계적 샘플링으로 구분된다.
참고로, 표본 추출 방식은 통계적 샘플링(무작위 샘플링, 체계적 샘플링), 비통계적 샘플링(무계획 샘플링, 판단샘플링)이 존재

4) 통제테스트(준거성테스트)에서 샘플링은 속성샘플링(Attribute Sampling)이다.

5) 실증테스트(입증테스트)에서의 샘플링은 변량샘플링(Variable Sampling), 고전적 샘플링과 화폐단위 샘플링 등이 있다.

6) 샘플링 위험이란 샘플링의 결과가 전수검사 결과와 다른 것을 말한다.

① IS감사인은 샘플링 위험을 낮추기 위해 전문가적인 판단과 주의를 기울여야 한다.

② 표본 추출과정에서 표본 구성이 잘못될 가능성을 완전히 제거할 수는 없다.

③ 샘플링 위험 종류

구분		샘플링 결과	
		신뢰	불신
전수 조사 결과	신뢰	성공	① 1종 오류(알파 위험)
	불신	② 2종 오류(베타 위험)	성공

④ 통제테스트(준거성 테스트) 및 실증테스트(입증테스트)에서의 샘플링 위험

구분	통제테스트 (준거성 테스트)	실증테스트 (입증테스트)
1종 오류 (알파 위험)	• 실제로는 위반이 없거나 사소한 것에 대한 불신	• 중요한 오류가 없는 것에 대한 결과 불신
	• 위반이 사소하거나 없음에도 통제를 불신	• 위반이 사소하거나 없음에도 주장을 불신
2종 오류 (베타 위험)	• 실제로는 위반이 심각한 것에 대한 신뢰	• 중요한 오류가 있는 것에 대한 결과 신뢰
	• 위반이 심각함에도 통제를 신뢰	• 위반이 심각함에도 주장을 신뢰

4. CAATs & CSA

1) CAATs(Computer Assisted Audit Techniques)란 컴퓨터를 활용하는 감사의 기법을 통칭한다.

2) CAATs의 감사SW로, GAS(Generalized Audit Software, 범용감사 SW)와 SAS(Special Audit Software, 전용감사SW)가 있다.

3) CAATs의 감사기법은 스냅샷(Snapshot), 매핑(mapping), 태깅과
   추정(Tagging, Tracing), 병행시뮬레이션(Parallel Simulation), 병행운
   영(Paralle Operation), 테스트데이터, 통합테스트 설비(ITF, Integrat
   ed Test Facility) 등 다양한 기법이 있다.

4) CSA(Control Self Assessment, 자가통제평가)는 전통적 감사 접근법
   에 위험 분석과 자가 평가를 합친 방식을 말한다.

5) 전통적 접근법과 CSA 비교

구분	전통적 접근법	CSA
경영목적 수립	경영진	경영진
내부통제 적합성	경영진	경영진
위험 및 통제 평가	감사인	실무진
위험 및 통제 평가 확인	감사인	감사인
사용목적	감사	경영 관리

IT 거버넌스 　제2장

본 장은 CISA의 영역을 기준으로
"IT 거버넌스"에 해당하는 내용으로
아래와 같은 내용을 담고 있다.

- ▶ IT거버넌스 이해
- ▶ 정보시스템전략과 성숙도
- ▶ IT투자 및 자원배분
- ▶ IT정책 및 절차
- ▶ 위험관리
- ▶ 정보시스템 관리실무
- ▶ 정보시스템 조직
- ▶ BCP 및 BCP 감사

제1절 IT 거버넌스의 이해

▣ IT 거버넌스 이해 영역 관련 수준확인 문제 ▣

1. 기업의 목표 수립, 달성 및 성과 모니터링 수단 등을 결정하는 의사 결정구조를 기업거버넌스라고 한다. (O, X)

2. 기업거버넌스, 경영 및 운영에 대한 책임은 경영진에게 있으며, 기업거버넌스는 비전과 전략을 제시하고 경영은 비전과 전략을 실행한다. 또한, 기업거버넌스는 경영을 감시하고, 경영은 운영을 감시한다. (O, X)

3. IT거버넌스에 대한 설명으로 적절하지 않은 것은?

① 기업거버넌스에서 기업 내 IT활동을 정의한 거버넌스이다.

② 이사회(BOD)가 IT활동을 지휘, 감독, 평가하기 위한 시스템이다.

③ IT거버넌스의 궁극적 목적은 가치창출이다.

④ IT거버넌스의 대표적인 예로 기업의 사회적 책임(CSR)에 관한 국제표준 모델인 ISO26000이 있다.

4. IT거버넌스와 관련된 설명으로 적절하지 않은 것은?

① IT 거버넌스를 구축하는 실체 및 방법론을 Best Practice라 한다.

② IT 거버넌스의 핵심적인 Best Practice로는 IT 전략 위원회, 위험관리, IT균형성과표 등이 있다.

③ 균형 점수표(Balanced ScoreCard)는 IT거버넌스 달성에 있어 IT 전략위원회를 지원하는 가장 효과적인 수단이다.

④ IT 운영 위원회의 모든 활동과 의사결정 사항은 공식적인 의사록으로 유지관리되어야 한다.

5. 정보보호 거버넌스와 관련된 설명으로 적절하지 않은 것은?

① 특정 가치 지표(기밀성, 무결성, 가용성, 서비스의 지속성, 정보자산의 보호)에 초점을 맞춘 활동이다.

② IT거버넌스의 중요하고 핵심적인 한 부분이다.

③ 수립 및 실행에 대한 책임은 정보보호관련 부서(담당자)에게 있다.

④ 정보보호 거버넌스의 효과에는 전략적 연계, 위험관리, 가치전달, 성과측정, 자원관리, 프로세스 통합이 있다.

6. 경영전략(Business Strategy)이란 조직이 비전을 실현하기 위해 선택한 최상위 수준의 실행 방안이다. (O, X)

7. 경영전략계획(BSP, Business Strategic Planning)은 포괄적인 경영 전략을 실현하기 위한 구현 계획을 수립하는 과정으로, 비전 제시와 전략수립은 BOD의 역할이나, 실현 책임은 경영진에 있다. (O, X)

8. 정보 전략 계획(ISP, Information Strategic Planning)수립의 4가지 아기텍처 정의는?

① 정보 아키텍처 정의, 정보기술 아키텍처 정의, 응용 시스템 아키텍처 정의, 정보 관리 조직 정의

② 정보 아키텍처 정의, 정보기술 아키텍처 정의, 시스템 아키텍처 정의, 정보 관리 조직 정의

③ 정보 아키텍처 정의, 정보기술 아키텍처 정의, DB 시스템 아키텍처 정의, 정보 관리 조직 정의

④ 정보 아키텍처 정의, 정보시스템 아키텍처 정의, DB 시스템 아키텍처 정의, 정보 관리 조직 정의

9. 성숙도 모델에 대한 설명으로 적절하지 않은 것은?

① 조직자원의 지속적 성과측정을 위해 성숙도 모델(프레임워크)가 필요하다.

② IDEAL모델은 소프트웨어 프로세스 개선 프로그램 모델이다.

③ Cobit5 기반 프로세스 평가모델은 개시(Initiating), 진단

(Diagnosing), 수립(Establishing), 수행(Acting), 학습(Learning)의 5단계로 구성되어 있다.

④ CMMI모델은 프로세스 성숙수준을 5단계로 구분하여 제시하고 있다.

10. 역량성숙도통합 모델의 각 단계에 대한 설명으로 적절하지 않은 것은?

① 프로세스의 데이터 수집이 자동화되고, 데이터로 프로세스를 분석하고 수정하는 단계는 관리(Managed) 단계이다.

② 질적, 양적으로 큰 개선이 계속되는 상태로 역량성숙도통합 모델의 최고 성숙단계는 학습(Learning)단계이다.

③ 프로세스 작업이 정의되고 데이터에 의한 프로젝트 관리가 실행되는 단계는 정의(Defined) 단계이다.

④ 소프트웨어는 개발하고 있지만 아무것도 관리하지 않으며, 데이터도 가지고 있지 않는 단계가 초기(Initial) 단계이다.

11. IT포트폴리오는 특정시점에 진행되고 있는 IT투자 프로젝트의 전체 집합을 말하며, 개별투자성과에 관심을 둔다. (O, X)

12. IT아웃소싱 시 장점이 아닌 것은?

① 외부 고급 인력/자원을 단기간에 활용 가능하다.

② 경쟁력 있는 조직의 핵심기능에 집중 가능하다.

③ 총 소유비용(TCO) 및 운영 비용을 절감할 수 있다.

④ 조직 구조가 복잡해지고, 유연성이 증대한다.

13. Val IT에 대한 설명으로 적절하지 않은 것은?

① IT관련 투자로부터 비즈니스 가치를 창출할 수 있는 포괄적이고 실용적인 프레임워크이다.

② Cobit에 기초하고 있다.

③ 기업의 IT거버넌스 관점을 가진다.

④ Are we doing the right things? 의 관점이다.

14. Val IT프레임워크를 구성하는1 3가지 도메인으로 적절하지 않는 것은?

① 가치 거버넌스

② 포트폴리오 관리

③ 조직 관리

④ 투자 관리

1. 정답 : O

2. 정답 : X

※ 기업거버넌스, 경영 및 운영의 관계

기업거버넌스	경영	운영
조직을 효과적으로 경영할 수 있는 환경을 조성	조직을 효과적으로 운영할 수 있는 의사결정 수행	조직의 일상 활동을 효과적으로 수행
책임은 BOD	책임은 경영진	책임은 중간관리자 /실무자
비전, 전략 등 제시	비전과 전략을 실행	–
경영을 감시	운영을 감시	–

3. 정답 : 4

※ ISO26000은 기업거버넌스의 한 예이다.

4. 정답 : 1

※ IT 거버넌스를 구축하는 실체 및 방법론을 IT 거버넌스 프레임워크이라 한다.

5. 정답 : 3

　※ 정보보호 거버넌스는 BOD(이사회)와 경영진의 책임이다.

6. 정답 : O

7. 정답 : O

8. 정답 : 1

9. 정답 : 3

　※ IDEAL모델이 개시(Initiating), 진단(Diagnosing), 수립(Establishing), 수행(Acting), 학습(Learning)의 5단계로 구성되어 있다.

10. 정답 : 2

　※ 질적, 양적으로 큰 개선이 계속되는 상태로 역량성숙도통합 모델의 최고 성숙단계는 최적화(Optimizing) 단계이다. 학습(Learning)단계는 IDEAL모델에서 사용하는 단계이다.

11. 정답 : X

　※ IT포트폴리오는 개별투자성과가 아니라 전체 투자의 누적성과에 관심을 둔다.

12. 정답 : 4

※ IT아웃소싱 시, 조직 구조는 단순화된다.

13. 정답 : 3

※ Val IT프레임워크는 기업의 거버넌스 관점이다.

참고로, 전략적관점(우리는 올바른 일을 하고 있는가? Are we doing the right things?)과 가치관점(우리는 이익을 얻고 있는가? Are we getting the benefits?)에서 경영진에게 IT투자의 관심을 가지게 하고 도움을 주며, Cobit은 기업의 IT거버넌스 관점이며, 실행의관점 (우리는 올바른 방법으로 하고 있는가? Are we doing them the right way?) 과 구조의관점(우리는 그것들을 잘 하고 있는가? Are we getting them done well?)에서 경영진에게 IT투자의 가지게 하고 도움을 준다.

14. 정답 : 3

※ 3가지 도메인(가치거버넌스, 포트폴리오관리, 투자관리)으로 구성 된다.

앞의 수준확인 문제의 정답 수를 기준으로 보충학습자료의 내용을 다음과 같이 학습할 것을 권고한다.

정답 수	학습 가이드
11문제 이상	아래 보충학습 자료 내의 이론 설명 내용을 빠르게 읽으며 주요 개념 환기한다.
6~10문제	아래 보충학습 자료 내의 이론 설명 내용을 자신의 스타일로 요약정리하며 학습 권고한다.
5문제 이하	이론 설명 내용을 최초 2~3회 이상 정독하여야 하며, 필요한 경우 본 책에서 설명된 주요 개념 등에 대해 추가적인 상세 자료를 통해 꼼꼼하게 학습하기를 권고한다.

1. IT거버넌스 개념

1) 기업 거버넌스는 기업에 의해 지시되고 통제되는 시스템으로 기업의 목표 수립, 달성 및 성과 모니터링 수단 등을 결정하는 의사 결정구조를 제공한다.

2) IT거버넌스는 IT활동을 정의한 거버넌스로 이사회(BOD)가 책임이 있고, 궁극적 목적은 가치창출이다.

3) IT 거버넌스 프레임워크는 IT 거버넌스를 구축하는 실체 및 방법론이며, Best Practice는 이미 검증되어 많이 사용하는 관행을 말한다.

4) 균형 점수표(Balanced ScoreCard)는 IT전략위원회를 지원하는 가장 효과적인 수단이다.

5) 정보보호 거버넌스는 특정 가치 지표(기밀성, 무결성, 가용성, 서비스의 지속성, 정보자산의 보호)에 초점을 맞춘 활동이며, IT거버넌스의 중요하고 핵심적인 한 부분이며, BOD(이사회)와 경영진의 책임 사항이며, 법규 및 규제 요건에 대응하는 비즈니스 관행이며 당

연한 의무사항이다.

6) 정보보호 거버넌스의 6가지 효과

- 전략적 연계 : 기업의 목표달성을 지원하기 위한 비즈니스 전략과 연계해 전사차원의 요구사항에서 도출된 보안 요구사항을 토대로 기업 프로세스 정보보호 솔루션 및 정보보호에 투자하기 위해 필요

- 위험관리 : 정보자산에 대한 위험 완화시켜 위험을 수용 가능한 레벨로 감소시키기 위한 수단을 제공하기 위해 필요

- 가치전달 : 사업 목표 달성을 위해 최적화(위험에 비례)된 정보보호 투자로서 제도화되고 맞춤화된 솔루션, 보안 실무의 표준화된 집합을 제공

- 성과측정 : 목표를 달성하기 위해 정보보호 프로세스를 측정하고 모니터링과 보고하며, 전략 목표와 연계하여 정의되고 합의된 측정 기준이자 지표임

- 자원관리 : 정보보호 지식과 인프라를 효과적, 효율적으로 활용해 지식의 수집, 활용, 문서화, 인프라의 활용을 위한 보안 아키텍처를 말함

- 프로세스 통합 : 전반적인 보호와 운영 효율성 개선해 다양한

보호 관련 활동을 통합 관리해야 함

7) EA(Enterprise Architecture, 전사적 아키텍처)는 IT 거버넌스 영역 중 하나로 조직의 IT 자산을 구조적인 방법으로 문서화한 것을 말한다.

2. 정보시스템 전략, 성숙도

1) 경영전략(Business Strategy)이란 조직이 비전을 실현하기 위해 선택한 최상위 수준의 실행 방안을 말한다.

2) 경영전략계획(BSP, Business Strategic Planning)이란 포괄적인 경영 전략을 실현하기 위한 구현 계획을 수립하는 과정으로, 비전 제시와 전략수립은 BOD의 역할이나, 실현 책임은 경영진에 있다.

3) IT전략은 경영전략계획 수립 후 이를 지원하기 위한 IT(정보기술) 및 IS(정보시스템)전략을 말한다.

4) IT전략계획(ITSP)은 경영진이 IT전략을 실현하기 위한 구현 계

획으로, 관리책임은 CIO에 있다.

5) 정보 전략 계획(ISP, Information Strategic Planning)이란 정보기술에 투자하는 장기적인 방향성으로 IT전략계획(ITSP)을 설계하는 과정이다.

6) 정보 전략 계획(ISP) 수립은 총 4가지 아키텍처(정보 아키텍처 정의, 정보기술 아키텍처 정의, 응용 시스템 아키텍처 정의, 정보 관리 조직 정의) 정의로 이루어진다.

7) 성숙도 모델은 조직자원의 지속적 성과측정을 위한 모델(프레임워크) 이다.

8) CMMI모델(역량성숙도통합 모델, Capability Maturity Model Integration)은 프로세스 개선 방법으로 프로세스 성숙수준을 5단계(초기, 반복, 정의, 관리, 최적화)로 구분하여 제시한다.

9) CMMI의 프로세스 성숙수준 5단계 상세

① 초기(Initial) 단계

● 소프트웨어는 개발하고 있지만 아무것도 관리하지 않으며,

데이터도 가지고 있지 않는 단계

② 반복(Repeatable) 단계

- 성공적으로 진행했던 프로젝트를 관찰하여 그것을 기초로 반복 수행함

- 프로젝트 관리 프로세스를 견고하게 함

- 비용, 일정, 기능성에 대한 추적이 이루어짐

③ 정의(Defined) 단계

- 프로세스 작업이 정의되고 데이터에 의한 프로젝트 관리가 실행

- 프로세스가 계속적으로 진보하는 기초가 정립된 상태

④ 관리(Managed) 단계

- 프로세스의 데이터 수집이 자동화됨

- 데이터로 프로세스를 분석하고 수정함

- 실질적인 품질개선, 포괄적인 프로세스 개선이 가능한 상태

⑤ 최적화(Optimizing) 단계

- 질적, 양적으로 큰 개선이 계속되는 상태

- 지속적으로 프로세스를 최적화하는 단계

3. IT투자 및 자원배분

1) IT투자는 IT가치 평가(IT가치 = 비즈니스 이익 / IT투자 비용)에 근거하여 이루어져야 한다.

2) BOD는 IT투자의 전략적 방향을 제시하고 투자 과정을 감시해야 한다.

3) IT포트폴리오는 특정시점에 진행되고 있는 IT투자 프로젝트의 전체 집합을 말하며, 개별투자성과가 아니라 전체 투자의 누적 성과에 관심을 두어야 한다.

4) IT소싱이란 조직 내부 또는 외부로부터 IT기능을 획득하는 것을 말한다.

5) Val IT프레임워크는 IT관련 투자로부터 비즈니스 가치를 창출할 수 있는 포괄적이고 실용적인 프레임워크로, Cobit에 기초한다. 참고로, 관점별 Val IT와 Cobit을 비교하면 다음과 같다.

구분	거버넌스 관점	프로세스 관점	포트폴리오 관점
Val IT	기업 거버넌스	• 프로그램 설계와 시작 • 이익실현 • 모든 프로세스의 투자와 진행 중인 가치 관리 관점	• 투자 포트폴리오 관리 • 전체 포트폴리오 성과 관점 제공
Cobit	IT 거버넌스	• IT솔루션 전달 • IT운영 수행 • IT서비스 전달	• 투자 프로그램을 지지하는 IT 프로젝트 포트폴리오 관리 • IT서비스, 자산, 다른 자원 포트폴리오 관리

6) Val IT프레임워크는 기업의 거버넌스, Cobit은 기업의 IT거버넌스에 초점을 둔다.

7) Val IT프레임워크는 3가지 도메인(가치거버넌스, 포트폴리오관리, 투자관리)으로 구성되어 있다.

제2절 IT 정책 및 정보시스템 관리

1. IT정책에 대한 설명으로 적절하지 않은 것은?

   ① IT전략을 구체화한 것으로 조직의 경영철학을 나타낸다.

   ② 일반적, 포괄적, 개괄적, 전략적인 개념을 가진 상위 수준의 문서이다.

   ③ 조직 내부인에 적용하며, 공급업체/고객/협력업체 및 제3자에게는 적용하지 않는다.

   ④ 관련자들의 책임과 역할을 정의하고 위반 시 처벌규정이 있어야 한다.

2. 정책 수립의 방식에 대한 설명으로 적절한 것은?

   ① 상향식과 하향식으로 구분된다.

   ② 상향식은 하위수준에서 상위수준으로 수립을 한다.

   ③ 상향식은 상위지침과 하위지침간의 일관성을 가지는 장점이

있다.

④하향식은 비현실적 정책이 수립될 수 있는 단점이 있다.

3. IT절차에 대한 설명으로 적절하지 않은 것은?

①특정한 업무에 대한 상세적인 성격을 가진다.

②업무 프로세스와 그 안에 내재된 통제를 문서화한 것이다.

③구체적인 의무 사항으로 정책을 어떻게 수행할지 기술한다.

④상위 정책보다 더 동적으로 변경되어야 한다.

4. IT실무(Practice)에 대한 설명으로 적절하지 않은 것은?

①기술적 표준 및 지침을 반영한 후, 실무자의 판단이 더해져 완성된다.

②특정한 IT 업무 활동의 아주 구체적이고 실제적인 실행 과정을 의미한다.

③IS감사인은 발견한 예외(위반)사항에 대해, 사소한 경우는 사소하게, 심각한 경우는 중요하게 다루어야 한다.

④IS감사인은 발견한 예외(위반)사항이 감사보고서 작성 전에 수정되었다면 감사보고서에서 제외해도 된다.

5. 정보보호정책서에 대한 설명으로 적절하지 않은 것은?

① 정보보호에 대한 경영진의 관심과 참여의 필요성을 명시한 것이다.

② 고위 경영진의 승인이 필수적이다.

③ 정보보호 관리의 일반적이고 구체적인 책임을 정의하고 있다.

④ 정보보호 정책은 IT정책과 같이 계획된 주기에만 검토한다.

6. 위험 및 위험관리에 대한 설명으로 적절하지 않은 것은?

① 특정 위협이 자산의 취약점을 이용해서 해당 자산에 손실을 발생시킬 가능성을 위험이라 한다.

② 위험의 크기는 발생가능성과 영향도로 표현한다.

③ 고유위험을 수용(용인)할 수 있는 수준으로 줄이는 일련의 행위를 위험관리라 한다.

④ 위험관리 노력이 증가하면 완화된 위험은 증가한다.

7. 위험에 대한 설명으로 적절하지 않은 것은?

① 잔여위험은 위험관리 대책을 통해 위험을 완화하고도 여전히 남아 있는 위험으로 완전제거가 불가능하다.

② 고유위험은 위험관리를 하지 않았을 때 존재하는 위험으로, 조직의 성격과 자산 구성이 근본적으로 변하지 않으면 없어지지

않는다.

③ 완화된 위험이란 위험관리(통제)하면서 사라지거나 감소한 위험으로 다양한 수단을 통해 위험의 가능성이나 영향을 낮출 수 있다.

④ 위험성향이란 조직이 위험에 대해 보이는 민감한 정도를 말하며, 회피형 조직인 경우, 용인가능 위험수준은 높아진다.

8. 위험 대응 전략에 대한 설명으로 적절하지 않은 것은?

① 위험 회피(Risk Avoid)는 위험을 발생시킬 수 있는 프로세스나 특정 활동을 하지 않음으로서 위험의 원인을 제거하는 방법이다.

② 위험 완화는 적절한 통제를 구현하여 위험의 발생 가능성과 영향을 줄이는 방법이다.

③ 위험 전가(Risk Transfer)는 파트너 회사와 위험을 공유하거나 보험, 계약 등의 다른 수단으로 위험을 다른 개체에게 이전하는 방법이다.

④ 위험 수용(Risk Accept)은 위험 감수 또는 위험 용인라고도 표현하며, 위험에 대해 아무런 대처를 하지 않는 방법이다.

9. 위험 대응 방안 및 전략의 특징에 대한 설명으로 적절하지 않은 것은?

① 위험의 가능성과 영향이 크면 위험 완화전략을 사용하는 것이

적절하다.

② 위험의 가능성과 영향이 극도로 낮을 경우 위험 무시전략도 가능하다.

③ 위험의 가능성과 영향이 일정범위라면 위험을 완화, 전가, 수용해야 한다.

④ 위험 대응 비용이 편익을 초과 할 경우에는 위험 수용전략을 사용하는 것이 적절하다.

10. 위험분석 기법에 대한 설명으로 적절하지 않은 것은?

① 정성적기법은 주관적이이며, 정량적 기법은 객관적이다.

② ALE(연간 손실기대값)기법은 대표적인 정성적기법이다.

③ 정량적기법은 신뢰성이 높으나 시간이 오래 걸린다.

④ 정성적기법은 추측작업이 필요하다.

11. 연간 손실 기대값(ALE, Annualized Loss Expectacy) 기법에대한 설명으로 적절하지 않은 것은?

① 정량적인 위험분석의 대표적인 방법으로, 특정 자산에 대한 특정 위협이 실현될 모든 경우에 대한 연간 비용을 계산한다.

② 단일손실기대값과 연간빈도수를 이용하여 연간비용을 계산한다.

③ 자산의 가치와 노출계수 및 연간빈도수를 이용하여 연간비용을 계산한다.

④ 자산의 가치에 대한 손실이나 영향의 크기를 측정한 값으로 어떤 위협으로부터 발생하는 자산가치의 손실을 %로 표현한다.

12. 인사관리에서 퇴사정책과 관련된 설명으로 적절하지 않은 것은?

① 중요직무의 경우 퇴사과정을 정의한 문서화된 절차가 있어야 한다.

② 퇴사시 할당된 논리적 접근 권한은 감사에 필요한 최소기간만큼 유지하는게 좋다.

③ 급여 파일에서 퇴사자를 삭제하기 위한 최종 급여 지급 루틴을 정리하여야 한다.

④ 퇴사 사실을 사내에 알리고 필요 시 퇴사면담을 실시한다.

13. 직무관리 기법에 대한 설명으로 적절하지 않은 것은?

① 직무 순환(Job Rotation)은 실무자의 담당직무를 주기적으로 변경하는 것으로, 공모 사슬을 제거하는 효과가 있다.

② 직무 분리(Separation of Duties)는 하나의 직무에 여러 가지 책임을 동시에 부여 하지 않는 것으로 공모에 의해 우회될 수 있다.

③ 교차훈련(Cross Training)은 자신의 직무에 다른 직무를 겸하여 수행하는 것으로 특정 한 직원에 대한 의존도를 감소시킨다.

④ 강제 휴가(Required Vacations)는 1년에 1회 이상 특정업무를 담당자 이외의 사람이 수행하게 하는 것으로, 예방통제에 해당한다.

14. IT아웃소싱에 대한 설명으로 적절하지 않은 것은?

① 회사의 IT업무의 일부 또는 전부를 외주업체인력에게 맡기는 것으로, 핵심 역량과 기술은 아웃소싱의 대상이 아니다.

② IT 관리자는 서비스 수준 협정(SLA)을 기준으로 아웃소싱의 성과를 감시해야 한다.

③ IT아웃소싱은 원가절감효과는 적으나 외부의 경험과 지식을 활용할 수 있다는 장점이 있다.

④ 신뢰하던 통제 프레임이 아웃소싱 벤더에게 적용되는 과정에서 약해지거나 간과될 수 있는 위험이 존재한다.

15. 클라우드 컴퓨팅과 관련된 설명으로 적절하지 않은 것은?

① 클라우드 컴퓨팅은 설정이 가능한 컴퓨팅 자원의 공유장소에 필요 시 즉시 사용가능하게 하는 모델을 말한다.

② 클라우드 아웃소싱을 사용의 장점은 정보보호의 책임의 전가에 있다.

③ 서비스로서의 인프라(IaaS)는 클라우드 서비스 제공업체의 서비스 장애 발생 시 영향 최소화 대책을 고려하여야 한다.

④ 서비스로서의 플랫폼(PaaS)는 가용성, 기밀성, 프라이버시 및 법적 책임문제, 데이터 소유권 등에 대해 고려하여야 한다.

16. 품질관리에 대한 설명으로 적절하지 않은 것은?

① 품질보증(QA, Quality Assurance)은 제품 LifeCycle Process에 대한 인증이다.

② 품질통제(QC, Quality Control)은 완제품 시험을 통한 인증이다.

③ 품질보증(QA, Quality Assurance)은 소프트웨어가 결함이 없으며 사용자의 기대를 충족함을 확인하기 위해 테스트를 실시하고 검토하는 것이다.

④ 품질통제(QC, Quality Control)는 프로그램이 실행환경으로 이관되기 전에 반드시 실행되어야 한다.

1. 정답 : 3

※ IT정책은 조직 내부인은 물론이고 공급업체, 고객, 협력업체 및 제3자에게도 적용될 수 있다.

2. 정답 : 3

※ 상위지침과 하위지침간의 일관성을 가지는 장점은 하향식 방식의 장점이다.

구분	상향식(Bottom-Up)	하향식(Top-Down)
수립 순서	하위 수준 → 상위수준	상위 수준 → 하위수준
장점	비용 효과적, 실용성	일관성(상/하위 간 일관성)
단점	정책간 불일치 및 상충 발생 가능	비현실적 정책 수립 가능

3. 정답 : 3

※ 구체적인 의무 사항으로 정책을 어떻게 수행할지 기술은 IT표준(Standard)이다.

4. 정답 : 4

※ IS감사인은 발견한 예외(위반)사항이 감사보고서 작성 전에 수정되었다고 하여 감사보고서에서 제외해서는 안된다.

5. 정답 : 4

※ 정보보호 정책은 계획된 주기 또는 중요한 변화가 발생한 경우 검토해야 한다.

6. 정답 : 3

※ 위험관리는 잔여위험을 수용(용인)할 수 있는 수준으로 줄이는 일련의 행위이다.

7. 정답 : 4

※ 위험성향이 회피형 조직인 경우, 용인가능 위험수준이 낮아진다.

8. 정답 : 4

※ 위험에 대해 아무런 대처를 하지 않는 방법은 위험 무시(Risk Ignore)이다.

9. 정답 : 1

※ 위험의 가능성과 영향이 크면 위험 회피전략을 사용한다.

10. 정답 : 2

※ ALE(연간 손실기대값)기법은 대표적인 정량적기법이다.

구분	정성적 위험 분석	정량적 위험 분석
특징	주관적(Subjective)	객관적(Objective)
기법	델파이법, 순위결정법, 브레인스토밍 등	점수법(수치로 표현), ALE(연간 손실 기댓값) 등
장점	위험의 등급 우선 순위화	신뢰성(경영진 설득이 유리)
단점	수치로 표현이 어려움 (경영진 설득에 불리)	시간이 오래 걸림 계산 복잡(자동화 도구 사용 필요)
기타	추측 작업 (Guesswork involved) 필요	–

11. 정답 : 4

※ 자산의 가치에 대한 손실이나 영향의 크기를 측정한 값으로 어떤 위협으로부터 발생하는 자산가치의 손실을 %로 표현한 것은 노출 계수(EF, Exposure Factor)이다.

12. 정답 : 2

※ 퇴사시 시스템 접근 방지를 위해 할당된 논리적 접근 권한(계정과 패스워드) 즉시 삭제하여야 한다.

13. 정답 : 4

※ 강제 휴가(Required Vacations)는 적발통제에 해당한다.

14. 정답 : 3

※ IT아웃소싱 장점은 원가절감 및 소유 비용을 절감시키며, 경험과 지식을 활용 등이 있다.

15. 정답 : 2

※ 클라우드 아웃소싱을 사용하여도 정보보호의 책임은 전가되지 않는다.

16. 정답 : 3

※ 소프트웨어가 결함이 없으며 사용자의 기대를 충족함을 확인하기 위해 테스트를 실시하고 검토하는 것은 품질통제(QC, Quality Control)이다.

구분	대상	설명
품질보증 (QA, Quality Assurance)	제품 LifeCycle Process에 대한 인증	• 프로젝트 수행 중에 사전 정의된 품질 프로세스(표준)를 준수하고 있음을 확인 • IS 기능에 대한 표준 개발, 공표, 유지보수에 대한 책임
품질통제 (QC, Quality Control)	완제품 시험을 통한 인증	• 소프트웨어가 결함이 없으며 사용자의 기대를 충족함을 확인하기 위해 테스트를 실시하고 검토 • 프로그램이 실행환경으로 이관되기 전에 반드시 실행되어야 함

앞의 수준확인 문제의 정답 수를 기준으로 보충학습자료의 내용을
다음과 같이 학습할 것을 권고한다.

정답 수	학습 가이드
13문제 이상	아래 보충학습 자료 내의 이론 설명 내용을 빠르게 읽으며 주요 개념 환기한다.
9~12문제	아래 보충학습 자료 내의 이론 설명 내용을 자신의 스타일로 요약정리하며 학습 권고한다.
8문제 이하	이론 설명 내용을 최초 2~3회 이상 정독하여야 하며, 필요한 경우 본 책에서 설명된 주요 개념 등에 대해 추가적인 상세 자료를 통해 꼼꼼하게 학습하기를 권고한다.

1. IT정책 및 절차

1) 일반적으로 최상위의 정책을 시작으로, 표준 〉 절차 〉 지침 〉 실무 등으로 구성된다.

2) IT정책은 IT전략을 구체화한 것으로 일반적, 포괄적, 개괄적, 전략적인 개념을 가진 상위 수준의 문서를 말하며, 다음과 같은 특징을 가진다.

- 공급업체, 고객, 협력업체 및 제3자에게도 적용될 수 있음
- 관련자들의 책임과 역할을 정의하고 위반 시 처벌규정이 있어야 함
- 정책은 해당 조직의 이사회(BOD) 또는 경영진이 작성함
- 작성자는 정책을 주기적으로 검토하여 비즈니스 및 기술 변화 등을 반영하여야 함
- IS감사인은 경영진의 정책 검토일시에 대한 평가해야 함
- 정책 수립 시, 하향식 방식은 상위 수준부터 수립되고 일관성을 제공하는 장점이 있으나 다소 비현실적이라는 단점이 있음

- 상향식 방식은 하위 수준부터 정책을 수립하며 정책이 위험 평가의 결과로 도출되어 비용 효과적인 장점이 있으나 정책 간의 불일치와 상충이 발생하는 단점

3) IT표준(Standard)은 강제적인 성격을 가지며 정책을 어떻게 수행할지 기술한다.

4) IT절차(Procedures)는 상세적인 성격을 가지며 업무 프로세스와 그 안에 내재된 통제를 문서화한 것을 말하며, 다음과 같은 특징을 가진다.

- 절차는 정책보다 더 자주 검토하고 갱신해야 함

- IS감사인은 절차에 포함된 통제 규정들이 통제목적을 달성하는지 평가해야 함

5) IT실무(Practice)는 기술적 표준 및 지침을 반영한 후, 실무자의 판단이 더해져 완성된 것을 말하며, 다음과 같은 특징을 가진다.

- IS감사인은 예외(위반)사항이 존재하는 경우 원인과 영향을 평가해야 함

- IS감사인은 발견한 예외(위반)사항에 대해, 사소한 경우는 사

소하게, 심각한 경우는 중요하게 다루어야 함

- IS감사인은 발견한 예외(위반)사항이 감사보고서 작성 전에 수정되었다고 하여 감사보고서에서 제외해서는 안 됨

6) 정보보호 정책서란 정보보호에 대한 경영진의 관심과 참여의 필요성을 명시한 것을 말하며, 다음과 같은 특징을 가진다.

- 고위 경영진의 승인이 필수

- 정보보호 관리의 일반적이고 구체적인 책임을 정의

- 정보보호 정책은 계획된 주기 또는 중요한 변화가 발생한 경우 검토해야 함

2. 위험관리

1) 위험(Risk)은 특정 위협이 자산의 취약점을 이용해서 해당 자산에 손실을 발생시킬 가능성을 말하며, 다음과 같은 특성을 가진다.

- 위험의 기본요소 = 자산 * 위협 * 취약점

- 위험의 크기 = 발생가능성 * 발생시 영향도

2) 위험관리는 위험(잔여위험)을 수용(용인)할 수 있는 수준으로 줄이는 일련의 행위를 말하며, 다음과 같은 특성을 가진다.

- 위험관리 노력이 증가하면 완화된 위험은 증가하고, 잔여위험은 감소함
- 효과적으로 위험을 관리하려면 위험에 대한 조직의 성향을 명확하게 파악해야 함

3) 위험의 종류에는 다음과 같은 것이 있다.

① 잔여위험

- 위험관리 대책을 통해 위험을 완화하고도 여전히 남아 있는 위험
- 잔여위험 = 고유위험 - 완화된 위험
- 잔여위험을 완전히 제거하는 것은 사실상 불가능함

② 고유위험

- 위험관리를 하지 않았을 때 존재하는 위험
- 조직의 성격과 자산 구성이 근본적으로 변하지 않으면 없어지지 않음

③ 완화된 위험

- 위험관리(통제)하면서 사라지거나 감소한 위험

④ 용인가능 위험수준(ARL, Acceptable Risk Level)

- 조직이 감수할 수 있는 위험 수준

⑤ 위험성향 또는 위험태도

- 조직이 위험에 대해 보이는 민감한 정도를 말함
- 위험성향이 회피형 조직인 경우, 용인가능 위험수준이 낮아짐

4) 위험 대응 방안은 위험 회피(Risk Avoid), 위험 완화, 위험 전가(Risk Transfer), 위험 수용(Risk Accept), 위험 무시(Risk Ignore)로 구분되며, 다음과 같은 특성을 가진다.

- 위험의 가능성과 영향이 크면 위험 회피전략을 사용함
- 위험의 가능성과 영향이 극도로 낮을 경우 위험 무시전략도 가능함
- 위험의 가능성과 영향이 일정범위라면 위험을 완화, 전가, 수용하여야 함

5) 위험 관리 프로세스는 위험식별, 위험분석 및 평가, 위험조치

(대응), 모니터링, 보고 등으로 이루어진다.

6) 위험분석(Risk Analysis) 기법에는 정성적위험분석기법과 정량적 위험분석기법이 있다.

구분	정성적 위험 분석	정량적 위험 분석
특징	주관적(Subjective)	객관적(Objective)
기법	델파이법, 순위결정법, 브레인스토밍 등	점수법(수치로 표현), ALE(연간 손실 기댓값) 등
장점	위험의 등급 우선 순위화	신뢰성(경영진 설득이 유리)
단점	수치로 표현이 어려움 (경영진 설득에 불리)	시간이 오래 걸림 계산 복잡(자동화 도구 사용 필요)
기타	추측 작업 (Guesswork involved) 필요	–

6) 연간 손실 기대값(ALE, Annualized Loss Expectacy) 기법은 특정 위협이 실현될 모든 경우에 대한 연간 비용을 계산하는 정량적인 위험분석의 대표적인 방법으로, 다음과 같은 특성들이 있다.

- ALE = SLE X ARO = Asset Value X EF X ARO

- 노출 계수(EF, Exposure Factor) : 자산의 가치에 대한 손실이나 영향의 크기를 측정한 값으로 어떤 위협으로부터 발생하는 자산가치의 손실을 %로 표현함

- 년간 빈도수(ARO, Annualized Rate of Occurrence) : 매년 특정한 위협이 발생할 가능성에 대한 년간 발생 확률 또는 특정 위협, 위험이 1년 동안 발생할 예상 빈도수를 말함

- 단일 손실 기대 값(SLE, Single Loss Expectancy) : 특정한 위협이 발생하여 예상되는 1회 손실액의 크기(SLE = Asset Value X EF)

3. 정보시스템 관리실무

1) 정보시스템관리 실무에는 인적자원관리, 아웃소싱관리, 재무관리, 정보보호 관리, 성과 관리 등이 존재한다.

2) 인적자원 관리는 인원관리 LifeCycle(모집/채용 → 교육훈련 → 직무훈련 → 성과평가/승진 → 퇴사)을 따라 이루어지며, 퇴사 시 시스템 접근 방지를 위해 할당된 논리적 접근 권한(계정과 패스워드) 즉시 삭제하여야 하며, 퇴사면담을 통해 경영상의 개선점 모색, 부정 고발의 기회 등을 제공한다.

3) 직무관리 기법에 직무 순환(Job Rotation), 직무 분리(Separation of Duties), 교차훈련(Cross Training), 강제 휴가(Required Vacations), 직무 재설계(Job Redesign) 등이 있다.

4) IT아웃소싱 시, 핵심 역량과 기술은 아웃소싱의 대상이 아니고, 서비스 수준 협정(SLA)을 기준으로 성과 감시해야 하며, 신뢰하던 통제 프레임이 아웃소싱 벤더에게 적용되는 과정에서 약해지거나 간과될 수 있는 위험이 존재한다.

5) 클라우드 컴퓨팅으로 클라우드 아웃소싱을 사용하여도 정보보호의 책임은 전가되지 않는다.

6) 품질관리 영역은 품질보증(QA, 프로세스)과 품질통제(QC, 제품)가 있다.

7) Cobit IT통제 성숙도 모델은 0. 부재(Non-Existent) → 1. 초기(Initial) → 2. 반복(Repeatable) → 3. 정의(Defined) → 4. 관리(Managed) → 5. 최적화(Optimized) 로 나뉜다.

제3절 정보시스템 조직 및 BCP

1. 조직과 직무와 관련하여 감사인은 다양한 직무기능별 권한과 책임 관계를 명확하게 판단해야 하며, 직무분리가 명확하지 않아 실수나 고의에 의한 부정발생이 발생하지 않도록 조치를 하여야 한다. (O, X)

2. 직무분리 미흡 시 문제점으로 적절하지 않은 것은?

   ① 직원의 가용성에 제약이 발생

   ② 직원들의 공모 가능성이 증가

   ③ 오류나 부정행위 발생 가능성 증가

   ④ 업무 연속성 상의 위험이 증가

3. 직무분리 원칙으로 가장 적절하지 않은 것은?

   ① 감독기능을 수행하는 부서와 감독대상이 되는 부서 분리

   ② 사용자 부서와 IT 부서의 기능 분리

③ 개발 부서에서 프로그래머와 시스템 분석가 기능 분리

④ 운영 기능 내, 입출력 기능과 처리 기능 분리

4. 감사인 홍길동은 ABC주식회사의 고객관리 부서에 대한 감사업무를 수행하고 있다. 홍길동이 감사업무를 수행하던 중 ABC주식회사 고객관리 부서장으로부터 감사증적에 대한 비인가자에 의한 임의 수정이나 삭제 등에 대한 대비로 어떤 방법이 있는지 문의를 받았다. 다음 중 감사증적에 대한 비인가자에 의한 임의 수정이나 삭제 등에 대한 대비방법으로 감사인 홍길동이 제안할 수 있는 가장 적절한 방법은 어느 것인가?

① 감사증적을 일방향 암호화하여 저장한다.

② 거래와 실행기록을 분리하여 저장한다.

③ 감사증적을 WORM에 저장한다.

④ 감사증적을 원격저장소에 저장한다.

5. 직무분리 부족한 경우 보완통제로서 가장 적절하지 않은 것은?

① 감사증적(Audit Trails) 및 거래 로그(Transaction Log)

② 대사(Reconciliation)

③ 예외보고

④ 접근통제

6. 사건은 사고라고도 하며 대부분 무시가능한 경미한 이슈이므로 별도로 분류하지는 않는다. (O, X)

7. 중단은 장해라고도 하며 조직의 업무 수행 능력 등이 저하, 방해 또는 정지된 상태로 방치 시 심각한 손실 초래하며, 정보시스템 장해는 1차적으로 가용성에 제약을 초래한다. (O, X)

8. 재해(Disaster)는 서비스 중단 등이 일정기간 이상 지속된 상황으로 복구 과정에서 대체 설비 사용하며, 심각성에 따라 장해(Disruption) 〈 비재해(Non-disaster) 〈 재해(Disaster) 〈 참사(Catastrophe)로 구분한다. (O, X)

9. BCP(비즈니스 연속성 계획, Business Continuity Plan)과 DRP(재해복구 계획, Disaster Recovery Plan)에 대한 설명으로 적절하지 않은 것은?

   ① 비즈니스 연속성 계획(BCP)은 미션이나 비즈니스 프로세스 지향적이다.
   ② 재해복구 계획(DRP)는 정보시스템 지향적이다.
   ③ BCP/DRP의 수립 책임은 고위 경영진에게 있다.
   ④ BCP/DRP의 수립 시, 최대허용정지시간(MTD) 이내 복구해야 하고, 비용대비 편익 고려필요하며, 복구 우선순위 결정 시 정량적요인만을 고려하여야 한다.

10. 다음 ①②③에 들어갈 용어를 순서대로 나열한 것은?

용어	설명
①	중단에 따른 누적 손실이 감내할 수 있는 최대 시간
②	중단 이후 복구를 완료해야하는 시점까지 시간으로, 최대허용정지시간보다 같거나 짧음
③	중단 이후 복구를 완료하고자 하는 시점으로, 중단에 따른 손실의 최대 허용량

① MTB - ROT - ROP

② MTB - ROP - ROT

③ MTD - ROT - RPO

④ MTD - RTO - RPO

11. BCP/DRP수립에 대한 설명으로 가장 적절하지 않은 것은?

① 관련법령 및 규정 등의 요구사항 파악하여, BC/DR 정책 수립한다.

② 비즈니스영향분석(BIA)을 통한 복구 우선 순위를 결정한다.

③ BC/DR전략을 구체화하여 BCP/DRP를 수립하고, CIO 승인받아 실행한다.

④ BCP/DRP에 대한 교육 및 테스트를 통해 문제점을 찾아 개선한다.

12. BIA(비즈니스영향분석, Business Impact Analysis)에 대한 설명으로 적절하지 않은 것은?

① 고위 경영진의 전폭적인 지원과 IT인력 및 최종사용자들의 참여가 필요하다.

② 주요 수행 내용은 핵심 비즈니스 프로세스 결정, 연관된 주요 정보자원 파악, 복구 우선 순위 결정이다.

③ 시스템 등급 구분 시, 비용(중단비용, 복구비용)에 대한 고려는 필수이다.

④ 복구 우선 순위 결정위한 시스템 등급은 핵심, 민감, 비핵심 3단계로 구분된다.

13. 대체사이트에 대한 설명으로 적절한 것은?

① 미러사이트는 주 사이트의 모든 요소를 이중화 및 동기화한 사이트로서 중단이 거의 없으며, 비용도 상대적으로 저렴하다.

② 핫사이트는 공조, 시스템, NW, 데이터 등이 준비된 사이트로 즉시 재개가 가능한 사이트다.

③ 웜사이트는 공조, 시스템, NW 등 준비된 사이트를 말하며 재개를 위해서는 수시간이 소요된다.

④ 콜드사이트는 공조, NW 등 기본적 시설만 준비된 사이트로서 재개에 상단 시간 소요된다.

14. BCP/DRP감사와 관련하여 적절하지 않은 것은?

①정보시스템 감사인이 BCP/DRP와 관련하여 감사수행 해야 할 내용으로 비즈니스 목적과 연계성, BIA결과 적절성 등을 포함하여 여러가지가 있다.

②정보시스템 감사인이 BCP/DRP에 대해 적절한지를 감사할 수 있는 가장 효과적 방법은 직접 테스트과정을 참관하는 것이다.

③정보시스템 감사인은 BIA결과 적절성을 확인하기 위해 BIA 과정에 직접 참여하는 것이 좋다.

④정보시스템 감사인은 대체 시설이 주 시설과 호환되고, 용량은 적절한지 여부에 대해 입증테스트를 하여야 한다.

1. 정답 : X

   ※ 감사인은 직무분리가 명확하게 되어 실수나 고의에 의한 부정발
   생이 방지되는지 확인하는 의무가 있지, 조치에 대한 의무는 없음

2. 정답 : 2

   ※ 직무분리는 한사람의 행위에 의해 발생할 수 있는 문제로, 직
   원들 공모가능성 증가와는 상관이 없음

3. 정답 : 3

   ※ IT 부서 내, 개발 기능(프로그래머, 시스템 분석가)과 운영(운영자,
   DBA, QA/QC) 기능 분리

4. 정답 : 3

   ※ WORM(Write Once Read Many)디스크는 그 특성상 기록이 되면
   매체를 파괴하지 않는 이상 기록자체를 수정하거나 삭제할 수
   없다. 감사증적을 WORM에 저장하는 것이 가장 적절한 방법
   이다. 이에 비해 일방향 암호화 및 거래와 실행기록 분리저장,

원격저장소에 저장 등은 감사증적에 대한 수정이나 삭제 완벽하게 막을 수 있는 방법은 아니다.

5. 정답 : 4

※ 접근통제는 직무분리 부족한 경우에 대한 보완통제로 보기 어려움

6. 정답 : X

※ 사건(사고) : 대부분 무시가능한 경미한 이슈, 심각성에 따라 무시가능(Negligible) 〈 경미(Minor) 〈 중요(Major) 〈 위기(Crisis)로 구분

7. 정답 : O

※ 중단(Disruption, 장해) : 조직의 업무 수행 능력 등이 저하, 방해 또는 정지된 상태로 방치 시 심각한 손실 초래, IS장해는 1차적으로 가용성에 제약을 초래함

8. 정답 : O

9. 정답 : 4

※ BCP/DRP의 수립 시, 복구목표시간(RTO) 이내 복구해야하고,

비용대비 편익 고려필요하며, 복구 우선순위 결정 시 정량적요인과 정성적 요인 모두 고려

10. 정답 : 4

11. 정답 : 3

※ BC/DR전략을 구체화하여 세부 실행 계획(BCP/DRP) 수립하고, 경영진 승인 및 실행

12. 정답 : 4

※ 복구 우선 순위 결정위한 시스템 등급

핵심 (Critical)	• 동일 수준으로 대체되지 않는 한 수행될 수 없는 시스템 • 수작업 등으로 대체 불가 • 중단에 따른 내성(Tolerance)이 낮아, 피해비용이 큼
중요 (Vital)	• 단시간동안 수작업으로 수행가능한 시스템 • 핵심에 비해 중단에 따른 내성이 높음 • 특정기간(통상 5일)내 복구 시 피해비용 낮음
민감 (Sensitive)	• 비교적 장시간 동안 수작업 가능한 시스템 • 경우에 따라 수작업 수행을 위해 추가 인력이 필요
비핵심 (Non- Sensitive)	• 비교적 장시간 동안 중단 가능 • 중단 시 피해비용이 발생하지 않음 • 별도 노력 없이도 복구 가능

13. 정답 : 4

구분	설명	공조설비	NW	시스템	Data	복구시간
미러 사이트	• 주 사이트의 모든 요소를 이중화 및 동기화한 사이트 • 중단이 거의 없음 • 운영비용 증가	O	O	O	O	즉시
핫 사이트	• 공조, 시스템, NW, 데이터 등 준비 • 수시간 내 재개 가능	O	O	O	△	수시간
웜 사이트	• 공조, 시스템, NW 등 준비 • 수일 내 복구 가능	O	O	O		수일
콜드 사이트	• 공조, NW 등 기본적 시설만 준비 • 운영비용 저렴 • 재개에 상당 시간 소요	O	O			수주

14. 정답 : 3

※ 감사인이 BIA과정에 직접 참여하는 것은 독립성을 손상시킬
수 있으므로 지양하여야 함

앞의 수준확인 문제의 정답 수를 기준으로 보충학습자료의 내용을 다음과 같이 학습할 것을 권고한다.

정답 수	학습 가이드
13문제 이상	아래 보충학습 자료 내의 이론 설명 내용을 빠르게 읽으며 주요 개념 환기한다.
8~12문제	아래 보충학습 자료 내의 이론 설명 내용을 자신의 스타일로 요약정리하며 학습 권고한다.
7문제 이하	이론 설명 내용을 최초 2~3회 이상 정독하여야 하며, 필요한 경우 본 책에서 설명된 주요 개념 등에 대해 추가적인 상세 자료를 통해 꼼꼼하게 학습하기를 권고한다.

1. 정보시스템 조직

1) IT부서 조직도에 대한 구성은 조직의 특성을 고려하여 적절히 구성 필요하다.

2) 조직과 직무 관련 감사인의 역할은 다음과 같다.
  - 다양한 직무기능별 권한과 책임 관계를 명확하게 판단해야 함
  - 직무분리가 명확하게 되어 실수나 고의에 의한 부정발생이 방지 및 감지되는지 확인

3) 직무분리란 하나의 직무에 여러 가지 책임을 동시에 부여 하지 않는 것으로, 직무분리 미흡 시 문제점으로는 다음과 같은 것들이 있다.

  - 직원의 가용성에 제약이 발생
  - 오류나 부정행위 발생 가능성 증가
  - 업무 연속성 상의 위험이 증가

4) 직무분리에 따른 효과 및 위험으로는 다음과 같은 것들이 있다.

- 한 사람의 행위에 의해 발생할 수 있는 잠재적 피해만을 줄일 수 있음

- 여럿이 공모하는 경우 통제 우회가 가능

5) 직무분리 원칙은 다음과 같다.

- 감독기능을 수행하는 부서와 감독대상이 되는 부서 분리

- 사용자 부서와 IT 부서의 기능 분리

- IT 부서 내, 개발 기능(프로그래머, 시스템 분석가)과 운영(운영자, DBA, QA/QC) 기능 분리

- 운영 기능 내, 입출력 기능과 처리 기능 분리

- 운영자와 DBA 분리

6) 직무분리 부족한 경우 보완통제로는 다음과 같은 것들이 있다.

- 감사증적(Audit Trails) 및 거래 로그(Transaction Log)

- 대사(Reconciliation)

- 예외보고

- 상급자의 검토 및 감사

2. BCP(비즈니스 연속성 계획, Business Continuity Plan)

1) 사건(사고) : 대부분 무시가능한 경미한 이슈, 심각성에 따라 무시가능(Negligible) 〈 경미(Minor) 〈 중요(Major) 〈 위기(Crisis)로 구분된다.

2) 중단(Disruption, 장해) : 조직의 업무 수행 능력 등이 저하, 방해 또는 정지된 상태로 방치 시 심각한 손실 초래, IS장해는 1차적으로 가용성에 제약을 초래한다.

3) 재해(Disaster) : 중단이 일정기간 이상 지속된 상황, 복구 과정에서 대체 설비 사용, 심각성에 따라 장해(Disruption) 〈 비재해(Non-disaster) 〈 재해(Disaster) 〈 참사(Catastrophe)로 구분된다.

4) 비즈니스연속성(BC, Business Continuity) 및 재해복구(DR, Disaster Recovery)란, 장해나 재해 등에 의해 서비스 및 업무가 중단된 상황에서 서비스를 계속할 수 있도록 하고(BC), 조직이 생존할 수 있도록 복구하는 것(DR)이다.

5) BC와 DR 능력을 확보하기 위한 대표적 방안이 BCP(비즈니스 연속성 계획, Business Continuity Plan)과 DRP(재해복구 계획, Disaster Re

covery Plan)이다.

- 비즈니스 연속성 계획(BCP) : 미션이나 비즈니스 프로세스 지향적

- 재해복구 계획(DRP) : 정보시스템 지향적

- BCP/DRP의 수립 책임은 고위 경영진에게 있음

- BCP/DRP의 수립 시, 복구목표시간(RTO) 이내 복구해야하고, 비용대비 편익 고려필요하며, 복구 우선순위 결정 시 정량적요인과 정성적 요인 모두 고려하여야 함

6) MTD, RTO, RPO 설명

최대 허용 정지 시간 (MTD, Maximum Tolerable Downtime)	중단에 따른 누적 손실이 감내할 수 있는 최대 시간
복구목표시간 (RTO, Recovery Time Objective)	중단 이후 복구를 완료해야 하는 시점까지 시간 최대허용정지시간보다 같거나 짧음
복구목표시점 (RPO, Recovery Point Objective)	중단 이후 복구를 완료하고자 하는 시점 중단에 따른 손실의 최대 허용량

7) BCP/DRP수립 단계는 다음과 같다.

- 관련법령 및 규정 등의 요구사항 파악하여, BC/DR 정책 수립

- 비즈니스영향분석(BIA)을 통한 복구 우선 순위를 결정

- 비즈니스 중단 예방대책(예: 접근통제, 형상관리, 백업 등)을 식별하고 평가

- 백업/복구, 대체사이트(예: 콜드, 핫, 웜, 미러 사이트), 복구팀 구성 등 BC/DR전략 수립

- BC/DR전략을 구체화하여 세부 실행 계획(BCP/DRP) 수립하고, 경영진 승인 및 실행

- BCP/DRP에 대한 교육 및 테스트를 통해 문제점을 찾아 개선

- BCP/DRP 내용 주기적 검토 및 개선

8) BIA(비즈니스영향분석, Business Impact Analysis)은 다음과 같은 특성을 가진다.

- 고위 경영진의 전폭적인 지원과 IT인력 및 최종사용자들의 참여가 필요

- 핵심 비즈니스 프로세스 결정, 연관된 주요 정보자원 파악, 복구 우선 순위 결정

- 시스템 등급 구분 시, 비용(중단비용, 복구비용) 고려필수

9) 대체사이트로는 미러사이트, 핫사이트, 웜사이트, 콜드사이트 존재한다.
10) 테스트 방법으로는 도상테스트(paper test), 준비도 테스트(prep aredness test), 완전 중단 테스트 등이 있다.

3. BCP 감사

1) 정보시스템 감사인이 BCP/DRP와 관련하여 감사수행 해야할 내용은 다음과 같다.

- 비즈니스 목적과 연계성

- BIA결과 적절성

- 이전에 수행한 테스트 결과

- 대체사이트 적절성

- 수립된 계획에 대한 유지관리(주기적 검토)

- 관련자들 이해 및 숙지 여부

2) 정보시스템 감사인이 BCP/DRP에 대해 적절한지를 감사할 수 있는 가장 효과적 방법은 직접 테스트과정을 참관하는 것이며, 감사인이 BIA과정에 직접 참여하는 것은 독립성을 손상시킬 수 있으므로 지양하여야 한다.

3) 정보시스템 감사인은 BCP/DRP감사 시 필요한 경우 입증테스트를 통해 오류나 위험에 대한 증명이 필요하며, 다음과 같은 사항들을 확인하여야 한다.

- 대체 시설이 주 시설과 호환되고, 용량은 적절한지 여부

- 원격 저장소의 백업내용의 최신성 유지 및 접근가능 여부

- MTD, RTO, RPO 산정의 적절성 여부

- 대체 시설 및 원격저장소에 대한 물리적 통제 및 접근 통제 적절성 여부

- 보험의 보상범위가 실제 복구비용을 적절히 반영하는지 여부

- 과거 수행 결과로부터 도출된 수정 사항의 BCP/DRP에 반영 여부

시스템 도입 및 개발　제3장

본 장은 CISA의 영역을 기준으로

"정보시스템의 획득, 개발 및 구현"에 해당하는 내용으로

아래와 같은 내용을 담고 있다.

▶ 프로젝트 관리

▶ SW개발 및 생명주기

▶ 어플리케이션 시스템 개발방법론

▶ 인프라 개발/획득 실무

▶ 정보시스템 유지보수 실무

▶ 업무 프로세스 재설계

▶ 어플리케이션 통제 및 감사

제1절 프로젝트 관리 및 SW 생명주기

1. 프로젝트 관리란 프로젝트 요구사항을 충족시키는데 필요한 지식, 스킬, 도구 및 각종 기법 등을 프로젝트 활동에 적용하는 것을 말하며, 프로젝트 관리의 목적은 계획된 시간 내에, 계획된 자원을 사용하여, 계획한 업무를 완수하여 고객의 만족을 극대화 하는 것이다. (O, X)

2. 프로젝트 목적 수립 기법에 대한 설명으로 가장 적절한 설명은 어느 것인가?

   ① WBS는 산출물 관리 중심 기법이다.
   ② OBS는 작업 관리 중심 기법이다.
   ③ WBS는 목적 달성을 위한 개별 Solution들의 상호관계를 그림이나 표로 표현한다.
   ④ WBS는 개별 Solution 또는 산출물 달성을 위한 세부 작업의 관계를 표현한다.

3. 프로젝트 의사 소통법과 관련하여 가장 적절한 설명은 어느 것인가?

① 일대일 회의는 PM과 팀원간의 쌍방향 의사소통으로 비공식적 인 의사소통법이다.

② kick off 미팅은 PM이 팀원들에게 프로젝트 수행위한 사항 알리기 위한 의사소통법이다.

③ 프로젝트 워크샵은 PM과 팀원들간의 쌍방향 의사소통으로 공식적인 의사소통법이다.

④ 착수회의는 개방적이며 명확한 의사소통을 보증하는 최상의 의사소통법이다.

4. 프로젝트 관리 기법에 대한 설명 중 가장 적절한 것은 어느 것인가?

① 소스코드 라인 기법은 SLOC(Source Lines of Codes) 또는 KLOC(Kilo Lines of Codes)이라고도하며, 소스코드 라인 수를 기준으로 규모를 산정하는 기법이다.

② 기능점수분석(FPA, Fuction Point Analysis)기법은 사용자가 직접 상호작용하는 입력, 출력, 파일, 인터페이스 등을 근거로 시스템 규모를 측정하는 기법으로, 과학적이며 합리적인 기법이다.

③ 전문가 기법은 분야의 전문가가 지식과 경험을 바탕으로 규모를 산정하는 기법이다.

④ 회귀분석 기법은 델파이 기법이라고도 하며, 과거 데이터를 활용하여 규모를 산정하는 기법이다.

5. 프로젝트에 대한 전반적인 방향을 제시하고, 일정, 원가, 인도물 등에 대한 궁극적 책임을 가지고 주기적으로 프로젝트의 현황을 검토해야 하는 역할을 가진 것은 누구인가?

① 최고 경영자
② 프로젝트 관리자
③ 프로젝트 운영 위원회
④ 프로젝트 후원자(소유자)

6. 프로젝트 관리 기법에 대한 설명 중 가장 적절한 것은 적절하지 않은 것은 어느 것인가?

① Gantt Chart는 가로에 시간, 세로에 활동을 표시하여 활동이 언제 시작해서 언제 끝날지를 막대 형태로 표시하여 관리하는 기법이다.
② 퍼트(PERT) chart는 프로젝트의 활동들을 시작부터 종료시점까지에서 서로의 관계를 네트워크 형태로 표현하여 관리하는 기법이다.
③ CPM chart는 PERT chart와 유사하며, 활동을 연결한 선위에 예상완료시간을 표시하는 것으로 전체 활동을 완료하는데 필요한 최장 시간을 찾는 것이 목적이다.
④ Time Boxing기법은 사전에 주어진 제한된 자원으로 주어진 시간 내, 변경 불가한 기능을 정의하고 설치하는 기법이다.

7. 다음은 프로젝트 평가 기법을 분류한 것이다. (가), (나), (다), (라)
에 들어갈 적절한 용어는 어느 것인가?

프로젝트 평가 모형			
(가)		할인 모형 (이자율 고려)	
회수기간법 (Payback Period)	(나)	(다)	(라)

① 비할인 모형 – 회수비율법 – 현재 가치법 – 미래 가치법
② 순할인 모형 – 회수비율법 – 미래 가치법 – 총 수익률법
③ 비할인 모형 – 회계적 이익률법 – 순 현재 가치법 – 내부 수익
   률법
④ 순할인 모형 – 회계적 이익률법 – 순 현재 가치법 – 순 미래 가
   치법

8. 다음은 프로젝트 평가 기법에 대한 설명 중 가장 적절하지 않은것
은 어느 것인가?

① 회수 기간법(Payback Period)은 프로젝트 위해 소요된 비용과
   프로젝트 통해 얻은 이익이 같아질 때까지의 기간(회수기간,
   Payback Period)을 이용하여 프로젝트 추진여부를 평가하는 방

법이다.

② 회계적 이익률법(ARR, Accounting Rate of Return)은 연평균 세후 순이익을 연평균 투자액으로 나눈 값(회계적 이익률법, ARR)을 이용하여 프로젝트 추진여부를 평가하는 방법이다.

③ 순 현재 가치법(NPV, Net Present Value)은 프로젝트에 의한 이익의 현재 가치에서 비용의 현재가치를 뺀 것(순 현재 가치, NPV)을 이용하여 프로젝트 추진여부를 평가하는 방법이다.

④ 내부 수익률 법(IRR, Internal Rate of Return)은 프로젝트에 의한 이익의 현재 가치와 비용의 미래가치를 같아지게 하는 이자율(내부 수익률 법, IRR)을 이용하여 프로젝트 추진여부를 평가하는 방법이다.

9. SW개발 방법론이란, 소프트웨어 개발하는데 필요한 작업구성, 작업절차, 산출물, 관리를 위한 도구 등을 체계화하여 정리한 것을 말하며, 전통적인 소프트웨어 개발 방법론은 일반적으로 타당성 검토 및 착수 → 분석 → 설계 → 개발 → 테스트 → 구현 → 검토의 순서로 구성된다. (O, X)

10. 소프트웨어 개발 생명주기 방법론에 대한 설명으로 가장 적절하지 않은 것은?

① 폭포수 모델은 가장 전통적인 방법으로 일련의 단계가 순차적으로 수행되고 수행된 단계는 절대 반복되지 않는다.

② 증분적 모델은 전체 개발 범위를 일정 단위로 구분한 후, 우선 순위를 지정하여 우선 순위에 따라 분석, 설계, 개발, 테스트하여 완성시켜나가는 방식으로 객체지향 시스템 개발에 유용하다.

③ 반복적 모델은 시스템 전체를 기본구성만 갖춘 형태로 개발하여 최초 버전 완성 후, 사용자 검토 의견 반영하여 최종 버전 완성하는 방식이다.

④ 프로토타이핑은 프로토타입을 만든 다음, 이를 확대하여 최종 제품을 완성하는 방식으로, 프로토타입은 사용자들과 의사소통용도로 사용하고 파기한다.

11. SW개발 생명주기(SDLC) 모델에 대한 설명으로 가장 적절하지 않은 것은?

① 폭포수 모델(Waterfall Model)은 가장 초기의 모델로 작업 활동이 순차적으로 수행되며, 역행하지 않는다.

② 증분적 모델(Incremental Model)은 전체 개발 범위를 일정 단위

로 구분한 후, 우선 순위를 지정하여 우선 순위에 따라 분석, 설계, 개발, 테스트하여 완성시켜나가는 방식이다.

③ 반복적 모델(Iterative Model)은 시스템 전체를 기본구성만 갖춘 형태로 개발하여 최초 버전 완성 후, 사용자 검토 의견 반영하여 최종 버전 완성한다.

④ 프로토타이핑(Prototyping)은 처음에는 실제 기능을 일부 포함하는 프로토타입(일종의 시제품)을 만든 다음, 이를 확대하여 최종 제품을 완성하는 방식으로, 증분적 모델이나 반복적 모델에 위험분석활동을 추가한 방식이다.

12. 전통적인 SW개발 절차에서 각 단계별 수행 내용에 대한 설명으로 가장 적절하지 않은 것은?

① 타당성 조사는 프로젝트 성공확률을 높여줄 수 있으므로 필수로 수행하여야 한다.

② 분석단계에서 사용자와 의사소통을 위해 프로토타입을 제작하여 요구사항을 파악한다.

③ 설계단계에서 사용자 인터페이스를 설계하고, 논리적 데이터베이스 구조를 설계한다.

④ 개발단계에서 코딩 및 디버깅을 수행하며, 주요 디버깅 도구로는 논리경로 모니터, 메모리 덤프, 출력 분석기 등이 있다.

13. SW테스트 방식에 대한 설명으로 가장 적절한 적절하지 않은 것은?

① 상향식 테스트는 시스템 전체에서 개별 모듈로 올라가면서 수행하며, 주요 모듈에서의 오류 조기 발견 가능하다.

② 하향식 테스트는 주요 기능과 처리에 대한 테스트가 초기에 가능하며, 인터페이스 오류가 조기 발견 가능하다.

③ 회귀테스트는 발견된 오류 수정 또는 프로그램 변경 후, 새로운 오류가 발생하는지 확인하기 위해 기 수행한 테스트를 다시 수행하는 방식이다.

④ 사회성테스트는 신규(변경)시스템 설치로 기존 시스템에 부정적 영향을 주지 않는지 확인하는 방식이다.

14. 주식회사 ABC가 새롭게 추진하려는 사업은 전자상거래를 이용한 시스템이다. 전자상거래와 관련하여 가장 적절하지 않은 설명은 어느 것인가?

① 성공을 하기 위해서는 경영진의 지원이 필수적이다.

② 거래 처리의 비용과 시간이 줄어든다.

③ 거래 처리를 시스템화 함으로써 판매자의 협상력이 증가한다.

④ 중복거래, 거래 누락, 거래정보 노출, 비인가 접근 등 다양한 위험 존재한다.

15. 주식회사 ABC는 EDI시스템을 통해 고객들의 주문을 받고 있는데, 판매 거래의 완전성을 보증하기 위한 방안으로 주식회사 ABC가 도입한 방법 중 가장 적절하지 않은 것은?

① 거래 세트 트레일러에 포함된 세그먼트 카운트 합계 체크
② 기능적 그룹 헤더에 포함된 거래 세트 카운터 합계 체크
③ 전자서명 및 메시지 인증코드 체크
④ 기능적 그룹 헤더에 포함된 배치 통제 합계 체크

16. 주식회사 ABC는 경영자문을 통해 IT 자문 서비스를 위한 전문가 시스템을 구축하려고 한다. 전문가 시스템의 여러 요소 중 KB에 대한 설명으로 가장 적절한 것은 어느것인가?

① 저장된 지식과 데이터를 이용하여 사용자가 입력한 정보를 분석하여 결론을 추론한다.
② ES가 제시한 추론의 결과에 대한 이유(근거)를 설명해 준다.
③ 전문가의 지식을 수집하여 정리하여 입력하는 통로이다.
④ 특정 문제 해결과 관련된 내용이 축적되는 곳으로, 전문가 판단 및 의사결정 방법 등이 저장된다.

1. 정답 : O

2. 정답 : 4

※	OBS	WBS
	객체분할구조 (Object Breakdown Structure)	작업분할구조 (Work Breakdown Structure)
	산출물(product)관리 중점	작업(Work) 관리 중점
	목적 달성을 위한 개별 Solution들의 상호관계를 그림이나 표로 표현	개별 Solution 또는 산출물 달성을 위한 세부 작업의 관계를 표현
	Product, Solution	Activity, Process

3. 정답 : 4

※ 프로젝트 의사소통법으로는 다음과 같은 것들이 있다.

- 일대일 회의 : PM과 팀원간의 쌍방향 의사소통으로, 비공식적

- 착수회의(kick off 미팅) : PM이 팀원들에게 프로젝트 수행위한 사항 알림. 일방향성이며, 공식적임
- 프로젝트 워크샵 : PM과 팀원들간의 쌍방향 의사소통으로, 공식적이며, 개방적이며 명확한 의사소통을 보증하는 최상의 방법임

4. 정답 : 4

※ 델파이 기법은 전문가 기법의 다른 이름이다.

5. 정답 : 3

※ 프로젝트 운영(조정)위원회는 여려 이해관계자 및 PM으로 구성되며 프로젝트 전반적 방향제시 및 현황검토 등 주요 의사결정의 역할을 수행한다. 또한 프로젝트에 대한 인도물, 원가, 일정 등에 대한 궁극적 책임을 가지며, 주기적으로 프로젝트 현황에 대한 검토를 통해 프로젝트에 대한 교정 조치를 시행할 책임이 있다.

6. 정답 : 3

※ CPM chart는 전체 활동을 완료하는 데 필요한 최단 시간을 찾는 것이 목적이다.

7. 정답 : 3

※

프로젝트 평가 모형			
비할인 모형 (이자율 고려 않음)		할인 모형 (이자율 고려)	
회수기간법 (Payback Period)	회계적 이익률법 (ARR, Accounting Rate of Return)	순 현재 가치 법 (NPV, Net Present Value)	내부 수익률 법 (IRR, Internal Rate of Return)

8. 정답 : 4

※ 내부 수익률 법(IRR, Internal Rate of Return)은 프로젝트에 의한
이익의 현재 가치와 비용의 현재가치를 같아지게 하는 이자율
(내부 수익률 법, IRR)을 이용하여 프로젝트 추진여부를 평가하는
방법이다.

9. 정답 : O

10. 정답 : 4

※ 프로토타이핑에서 사용자들과 의사소통을 원활하게 하기 위해
만든 시제품인 프로토타입의 활용 형태에 따라 실험적 프로토
타이핑(의사소통 후 시제품 파기)과 진화적 프로토타이핑(시제품 발전

시켜 최종품 완성)으로 구분할 수 있다.

11. 정답 : 4

※ 증분적 모델이나 반복적 모델에 위험분석활동을 추가한 방식은 나선형 모델(Spiral Model)이다.

12. 정답 : 3

※ 논리적 데이터베이스 구조를 설계는 분석단계에서 수행한다.

13. 정답 : 1

※ 시스템 전체에서 개별 모듈로 내려가면서 수행하는 것은 하향식 테스트이다.

구분	설명
상향식 테스트	• 개별 모듈 테스트 후, 상위단위로 통합하면서 테스트하는 방식으로, 단위 〉연계 〉통합 테스트 순서로 진행 • 주요 모듈에서의 오류 조기 발견 가능
하향식 테스트	• 시스템 전체에서 개별 모듈로 내려가면서 수행 • 주요 기능과 처리에 대한 테스트가 초기에 가능하며, 인터페이스 오류가 조기 발견 가능
파일럿 테스트	• 시스템의 일부만 예비적으로 테스트하는 방식

구분	설명
기능 및 확인 테스트	• 요구사항과 기능간의 추적성 가능성을 확인하는 방식으로, 시스템 요구사항에 맞게 개발되었나 확인함
회귀 테스트	• 발견된 오류 수정 또는 프로그램 변경 후, 새로운 오류가 발생하는지 확인하기 위해 기 수행한 테스트를 다시 수행하는 방식
병행 테스트	• 동일 처리를 신규(변경)시스템과 기존시스템에 수행하여 결과를 비교하는 방식
사회성 테스트	• 신규(변경)시스템 설치로 기존 시스템에 부정적 영향을 주지 않는지 확인하는 방식

14. 정답 : 3

※ 전자상거래는 인터넷을 포함하여 네트워크상에서 자동화된 절차를 통해서 수행되는 비즈니스 거래로서, 전자상거래를 활용하는 경우 거래 처리의 비용과 시간이 줄어들지만 중복거래, 거래 누락, 거래정보 노출, 비인가 접근 등 다양한 위험 존재한다. 따라서 전자상거래가 성공하려면 비즈니스에 대한 재설계와 경영진의 적극적인 지원이 필수적으로 요구된다. 이에 비해 전자상거래를 할 경우, 구매자가 여러 판매자 정보와 조건 등에 접근이 가능해지므로 구매자 즉 고객의 협상력이 증가하게 된다.

15. 정답 : 3

※ EDI시스템을 통한 판매거래는 인바운드 거래이며, 인바운드 거래는 주문 접수 및 처리의 완전성 확보가 중요하다. 이를 위해 기능적 그룹헤드에 포함된 배치 통제 합계와 거래세트 카운트 합계를 검토하거나, 거래(트랜젝션) Set 내 트레일러(trans action set trailer)에 포함된 세그먼트 카운트 합계 등을 비교한다. 전자서명은 전송 데이터의 원천과 목적지에 대한 식별과 위조여부 등을 식별하기 위한 것이며, 메시지 인증코드(MAC)은 전송데이터가 실제 수령되었음을 보증하는 역할을 하는 것으로 판매 거래의 완전성을 보증하기 위한 방안에 해당되지 않는다.

16. 정답 : 4

※ ES를 구성하는 요소는 크게 다섯가지로 분류된다.

- UI(User Interface) : 사용자가 데이터를 입력하고 결과를 받을 수 있도록 함
- 추론엔진(Interface Engine) : 저장된 지식과 데이터를 이용하여 사용자가 입력한 정보를 분석하여 결론을 추론함
- KB(Knowledge Base) : 특정 문제 해결과 관련된 내용이 축적되는 곳으로, 전문가 판단 및 의사결정 방법 등이 저장됨

- 설명 모듈(Explanation Module) : ES가 제시한 추론의 결과에 대한 이유(근거)를 설명해 줌
- 지식습득통로(Knowledge Acquisition Facility) : 전문가의 지식을 수집하여 정리하여 입력하는 통로

▣ 프로젝트관리 및 SW생명주기 보충학습 자료 ▣

앞의 수준확인 문제의 정답 수를 기준으로 보충학습자료의 내용을 다음과 같이 학습할 것을 권고한다.

정답 수	학습 가이드
13문제 이상	아래 보충학습 자료 내의 이론 설명 내용을 빠르게 읽으며 주요 개념 환기한다.
8~12문제	아래 보충학습 자료 내의 이론 설명 내용을 자신의 스타일로 요약정리하며 학습 권고한다.
7문제 이하	이론 설명 내용을 최초 2~3회 이상 정독하여야 하며, 필요한 경우 본 책에서 설명된 주요 개념 등에 대해 추가적인 상세 자료를 통해 꼼꼼하게 학습하기를 권고한다.

1. 프로젝트 관리

1) 프로젝트(Project)란, 어떤 고유한 제품이나 서비스 또는 결과를 창출하기 위해 일시적으로 기울이는 노력을 말하는 것으로, 목적이 달성되면 조직은 해체된다. 이에 비해, 운영(Operation)이란, 반복적으로 제품이나 서비스 또는 결과를 창출하기 위해 지속적으로 기울이는 노력을 말하는 것으로, 목적이 달성되더라도 조직은 해체되지 않는다.

2) 프로젝트 포트폴리오(Project Portfolio)란 특정 시점에서 기업 내 수행되고 있는 모든 프로젝트의 집합을 말하며, 프로그램(Program)은 상호연관성이 높은 다수의 프로젝트의 집합을 말한다.

3) 프로젝트 거버넌스(Project Governance)란, 프로젝트가 조직의 전략적 목표(목적)을 지원하는 것을 보증하기 위한 조직, 프로세스 등의 집합으로, IT프로젝트 거버넌스는 IT거버넌스의 일환으로 볼 수 있다.

4) 프로젝트 헌장(Project Charter)은, 프로젝트의 목적, 범위, 인도물, 기간, 예산, 위험, 이해관계자 등을 상위수준에서 정의한 문서이며, 프로젝트의 존재를 공식적으로 승인하고, PM에게 프로젝트 활동을 위한 자원 사용권한을 부여하는 역할을 한다.

5) 프로젝트 조정(운영)위원회는 여러 이해관계자 및 PM으로 구성되며, 프로젝트 이해 상충을 조정하고, 우선순위를 결정한다.

6) 프로젝트 평가 기법은 이자율 고려여부에 따라 비할인 모형과 할인모형으로 구분된다.

프로젝트 평가 모형			
비할인 모형 (이자율 고려 않음)		할인 모형 (이자율 고려)	
회수기간법 (Payback Period)	회계적 이익률법 (ARR, Accounting Rate of Return)	순 현재 가치 법 (NPV, Net Present Value)	내부 수익률 법 (IRR, Internal Rate of Return)

7) 회수 기간법(Payback Period)이란, 프로젝트 위해 소요된 비용과 프로젝트 통해 얻은 이익이 같아질 때까지의 기간(회수기간, Payback Period)을 이용하여 프로젝트 추진여부를 평가하는 방법을 말한다.

8) 회계적 이익률법(ARR, Accounting Rate of Return)이란, 연평균 세후 순이익을 연평균 투자액으로 나눈 값(회계적 이익률법, ARR)을 이용하여 프로젝트 추진여부를 평가하는 방법을 말한다.

9) 순 현재 가치법(NPV, Net Present Value)이란, 프로젝트에 의한 이익의 현재 가치에서 비용의 현재가치를 뺀 것(순 현재 가치, NPV)을 이용하여 프로젝트 추진여부를 평가하는 방법을 말한다.

10) 내부 수익률 법(IRR, Internal Rate of Return)이란, 프로젝트에 의한 이익의 현재 가치와 비용의 현재가치를 같아지게 하는 이자율(내부 수익률 법, IRR)을 이용하여 프로젝트 추진여부를 평가하는 방법을 말한다.

11) 프로젝트 평가 기법 비교

구분	장점	현금 흐름 고려	현재 가치 고려	이익 가산 (복수개 묶음) 적용	프로젝트 포트 폴리오 가치 극대화
회수기간법 (Payback Period)	회수기간 근거로 유동성 위험 평가 가능	X	X	X	X
회계적 이익률법 (ARR)	회계자료 그대로 활용 가능하며, 이해가 용이	O	X	X	X
순 현재 가치 법 (NPV)	할인율로 재투자 한다는 현실적 가정을 사용	O	O	X	X
내부 수익률 법 (IRR)	계산은 어려우나 투자 평가가 간단	O	O	O	O

12) 프로젝트 목적이란, 프로젝트 수행을 통해 달성하고자 하는 결과를 말하며, 프로젝트의 목적은 구체적이며, 측정 가능하여야 하며, 달성이 현실적으로 가능해야하고, 상위나 타 목적들 간에 관련성(연계)이 있어야하며, 달성을 위한 기간이 정의되어야 한다.

13) 프로젝트 이해관계자란, 프로젝트에 적극적으로 참여하거나 프로젝트 실행이나 완료에 따라 긍정적이던 부정적이던 영향을 받을 수 있는 개인이나 조직을 말한다. 프로젝트 이해관계자간의 이해상충은 필연적으로 발생하며, 프로젝트 성공을 위해서는 이해관계자를 식별하고, 이해관계자들의 요구사항을 식별하고, 이해관계자가간에 영향력을 행사하여 관리하여야 한다.

14) 프로젝트 비용/크기 산정 기법

- 소스코드 라인 기법 : 소스코드 라인 수를 기준으로 규모를 산정하는 기법으로, SLOC(Source Lines of Codes) 또는 KLOC(Kilo Lines of Codes)이라고도 함

- 기능점수분석(FPA, Fuction Point Analysis)기법 : 사용자가 직접 상호작용하는 입력, 출력, 파일, 인터페이스 등을 근거로 시스템 규모를 측정하는 기법

- 전문가 기법 : 델파이 기법이라고도 하며, 분야의 전문가가 지식과 경험을 바탕으로 규모를 산정하는 기법

- 회귀분석 기법 : 과거 데이터를 활용하여 규모를 산정하는 기법

15) 프로젝트 관리 기법

- Gantt Chart : 가로에 시간, 세로에 활동을 표시하여 활동이 언제 시작해서 언제 끝날지를 막대 형태로 표시하여 관리하는 기법

- 퍼트(PERT) chart : 프로젝트의 활동들을 시작부터 종료시점까지에서 서로의 관계를 네트워크 형태로 표현하여 관리하는 기법

- CPM chart : PERT chart와 유사, 활동을 연결한 선위에 예상완료시간을 표시하며, 전체 활동을 완료하는데 필요한 최단 시간을 찾는 것이 목적

- Time Boxing기법 : 사전에 주어진 제한된 자원으로 주어진 시간 내, 변경 불가한 기능을 정의하고 설치하는 기법

2. SW개발 및 생명주기

1) SW개발 방법론이란, 소프트웨어 개발하는데 필요한 작업구성, 작업절차, 산출물, 관리를 위한 도구 등을 체계화하여 정리한 것을 말한다.

2) 전통적인 소프트웨어 개발 방법론은 일반적으로 타당성 검토 및 착수 → 분석 → 설계 → 개발 → 테스트 → 구현 → 검토의 순서로 구성된다.

3) SW개발 생명주기(SDLC) 모델은 다음과 같은 것들이 있다.

① 폭포수 모델(Waterfall Model)은 가장 초기의 모델로 작업 활동이 순차적으로 수행되며, 역행하지 않는다.

② 증분적 모델(Incremental Model)은 전체 개발 범위를 일정 단위로 구분한 후, 우선 순위를 지정하여 우선 순위에 따라 분석, 설계, 개발, 테스트하여 완성시켜나가는 방식이다.

③ 반복적 모델(Iterative Model)은 전체 개발 범위에 대해 분석, 설계, 개발, 테스트의 과정을 반복 수행하며, 시스템 전체를 기본구성만 갖춘 형태로 개발하여 최초 버전 완성 후, 사용

자 검토 의견 반영하여 최종 버전 완성하는 방식으로, 객체 지향 시스템 개발에 주로 활용한다.

④ 프로토타이핑(Prototyping)은 처음에는 실제 기능을 일부 포함하는 프로토타입(일종의 시제품)을 만든 다음, 이를 확대하여 최종 제품을 완성하는 방식이다.

⑤ 나선형 모델(Spiral Model)은 증분적 모델이나 반복적 모델에 위험분석활동을 추가한 방식이다.

4) 전통적인 소프트웨어 개발 절차는 다음과 같다.

① 타당성 검토 및 착수

- 타당성 조사는 프로젝트 성공확률을 높여줄 수 있으므로 필수로 수행해야 하며, 기술적, 법적, 경제적 타당성 검토를 한다.

② 분석(또는 기본설계)

- 요구사항 정의(대상 업무를 이해하고 사용자의 필요사항과 문제점을 파악하여 문서화 하며, 사용자들은 요구사항 정의 단계에서 인수에 대한 기준을 제시하는 활동)하고, 프로세스 모형화하고 논리적 데이터베이스 구조 설계하며, 필요한 경우, 사용자와 의사소통을 위해 프로토타입을 제작하여 요구사항을 파악한다.

③ 설계(또는 상세설계)

- 각 단위 업무와 대응되는 프로그램 모듈을 결정하고, 정보 시스템 사용자를 위한 사용자 인터페이스를 설계하며, 물리적 데이터베이스 구조를 설계하고, 프로그램 명세서 작성을 한다.

④ 개발(또는 프로그래밍)

- 코딩 및 디버깅을 수행(주요 디버깅 도구로는 논리경로 모니터, 메모리 덤프, 출력 분석기 등이 있음)하며, 사용자 인터페이스 개발한다.

- 모든 개발은 실제 업무 환경과 분리된 개발환경에서 수행하여야 하며, 단위테스트를 수행한다.

- 단위 테스트(Unit Test)는 모듈 테스트라고도 하며, 각 모듈별로 내/외부 기능 수행 결과를 테스트한다.

⑤ 테스트의 종류는 연계 테스트(Interface Test), 통합테스트(Integration Test), 시스템 테스트(System Test) 수행으로 구분되며, 그 특성은 다음의 표와 같다.

구분	내용	비고
연계 테스트 (Interface Test)	단위 테스트 완료된 모듈들이 타 요소들과 원활하게 동작하는지 테스트하는 것	안정적이고 통제된 환경에서 수행
통합테스트 (Integration Test)	시스템 구성 요소들이 하나의 통합된 시스템으로 유기적으로 동작하는지 확인	
시스템 테스트 (System Test)	극단적이고 유동적인 환경에서 시스템 신뢰성, 성능 등을 확인	복구테스트, 보안테스트, 스트레스/볼륨테스트, 성능테스트

● 추가적으로, 테스트 방식은 다음과 같이 구분된다.

구분	설명
상향식 테스트	● 개별 모듈 테스트 후, 상위단위로 통합하면서 테스트하는 방식으로, 단위 〉연계 〉통합 테스트 순서로 진행 ● 주요 모듈에서의 오류 조기 발견 가능
하향식 테스트	● 시스템 전체에서 개별 모듈로 내려가면서 수행 ● 주요 기능과 처리에 대한 테스트가 초기에 가능하며, 인터페이스 오류가 조기 발견 가능

구분	설명
파일럿 테스트	• 시스템의 일부만 예비적으로 테스트하는 방식
기능 및 확인 테스트	• 요구사항과 기능간의 추적성 가능성을 확인하는 방식으로, 시스템 요구사항에 맞게 개발되었나 확인함
회귀 테스트	• 발견된 오류 수정 또는 프로그램 변경 후, 새로운 오류가 발생하는지 확인하기 위해 기 수행한 테스트를 다시 수행하는 방식
병행 테스트	• 동일 처리를 신규(변경)시스템과 기존시스템에 수행하여 결과를 비교하는 방식
사회성 테스트	• 신규(변경)시스템 설치로 기존 시스템에 부정적 영향을 주지 않는지 확인하는 방식

⑥ 구현

- 프로그래밍 및 테스트가 완료된 프로그램을 사용자 환경을 이관하는 것으로 사용자에 의한 인수테스트를 마친 후, 사용자 부서장의 승인을 한다.

- 데이터 변환 및 시스템 전환을 실시하며, 전환 시 기존 업무의 중단 시간을 최소화하는 것이 가장 중요하다.

⑦ 검토(프로젝트 이후 활동)

- 구현 후 6~18개월 후, 시스템 요구사항과 비즈니스 요구
사항 충족 여부 및 투자비용대비 편익 달성 여부 등에 대
한 검토 수행한다.

3. 어플리케이션 시스템

1) 어플리케이션 시스템(일명, 응용시스템)이란, 정보 시스템에서 작
업을 수행하기 위한 정보를 제공하는 서브시스템으로 조직의
비즈니스(업무)를 위해 사용하는 경우, 그 시스템을 비즈니스 어
플리케이션 시스템(일명, 비즈니스 응용시스템)이라 한다.

2) 전자상거래란 통신네트워크 상에서 컴퓨터에 의해 처리되거나
전송된 데이터 메시지를 매개로 이루어지는 모든 형태의 업무
목적(Business purpose)의 거래 활동을 말한다.

3) 전자상거래의 기본요건은 통신네트워크(인증성, 기밀성), 데이터
메시지(인증성, 무결성, 부인방지), 거래(가용성)이며, 각각 괄호의 내
용이 필요하다.

구분	설명	필요 요건
통신 네트워크	기본적으로 통신 네트워크 상에서 이루어지는 거래를 의미	인증성(Authentication) 기밀성(Confidentiality)
데이터 메세지	거래 처리 단계에서 전체 또는 일부가 정보시스템이 매개가 되어야 하며, 그때 메시지는 데이터 파일임	인증성(Authentication) 무결성(Integrity) 부인방지(Non-Repudiation)
거래	거래활동이 사적인 것이 아니라, 상업적 또는 공적인 활동이어야 함	가용성(Availability)

4) 전자거래의 모형은 B-to-C(B2C), B-to-B(B2B), B-to-E(B2E), B-to-G(B2G)로 구분되며, 각 특성은 다음의 표와 같다.

모델		설명
B-to-C (B2C)	기업과 고객 관계	개별 고객의 필요와 요구를 충족할 수 있는 형태의 전자상거래 시스템 필요 예) 일반적인 온라인 쇼핑몰 등
B-to-B (B2B)	기업과 기업 관계	기업과 기업간의 관계로, 일반적으로 공급사와 고객사 형태로 되며, 기업간 거래를 위한 전자상거래 시스템 필요 예) 발주시스템, 계약시스템 등

모델		설명
B-to-E (B2E)	기업과 직원 관계	기업과 직원간의 정보 공유와 정보의 배포 등을 지원하기 위한 전자상거래 시스템 필요 예) 기업 내부 시스템 등
B-to-G (B2G)	기업과 정부 관계	기업과 정부와의 거래를 지원하기 위한 전자상 거래 시스템 필요 예) 조달시스템, 세금 시스템 등

- 추가로, 공급자와 사용자의 관계에 따른 구분은 다음 표와 같다.

구분		수요자		
		고객(C)	기업(B)	정부(G)
공급자	고객(C)	C2C	C2B	C2G
	기업(B)	B2C	B2B	B2G
	정부(G)	G2C	G2B	G2G

5) 전자상거래 관련 위험으로는 기밀성, 무결성, 가용성, 인증과 부인방지, 고객으로 권력 이동 등이 있다.

구분	설명
기밀성	거래와 관련된 각종 정보에 대한 노출이나 유출의 위험
무결성	거래와 관련된 각종 정보에 대한 불법 변경, 삭제 등에 대한 위험
가용성	거래와 관련하여 서비스 지연 등에 대한 위험 ※ 중국 알리바바 광군제 경우, 수분만에 수천억 결제되는 데 거래 지연 시 그 피해는??
인증과 부인방지	거래 당사자가 본인이 맞는지에 대한 인증과 발생한 거래에 대한 부인에 대한 위험
고객으로 권력 이동	고객의 협상력 증가로 인한 가격인하 압박, 단체 소송 등에 대한 위험

6) 전자문서교환(EDI, Electric Data Interchange) 시스템은 EDI표준서식(전자문서 서식과 통신방법에 대한 통일화된 일련의 규칙)을 이용하여 조직간 업무 거래 또는 거래 문서(자료)를 전송하는 시스템을 말한다.

7) EDI처리 구분은 아웃바운드(구매, 대금지급)와 인바운드(판매, 대금수령)으로 구분되며, 아웃바운드는 거래 정보 등에 대한 무결성 확인이, 인바운드는 주문 접수 및 처리의 완전성 확보가 중요

하다.

8) EDI 시스템은 응용시스템, EDI인터페이스(응용인터페이스, EDI번역기), 통신처리기로 구성된다.

구분		설명
응용 시스템		• 송수신해야 할 데이터를 처리하는 시스템으로, 최종사용자가 사용하는 시스템
EDI 인터 페이스	응용 인터 페이스	• 거래와 응용프로그램 연계하고 데이터 매핑을 수행 • 응용시스템이나 EDI번역기로부터 거래 수신하고, 수신한 거래 데이터의 유효성을 검사하여 응용시스템이나 EDI번역기로 보냄 • EDI번역기로부터 받은 거래에 대한 거래의 수령 사실을 증명(기능적 수령증명, functional acknowledgment)하여 감사증적의 역할 수행
	EDI 번역기	• 거래자들이 상호 합의한 표준 형식이나 업계 표준 형식으로 데이터를 변환함 • 변환한 데이터를 통신 처리기로 보냄 • 수신한 거래 데이터를 응용 인터페이스로 보냄
통신 처리기		• 전용회선 등을 사용하여 전자문서를 송수신함 • 수신한 데이터를 EDI번역기로 보냄

9) 전사적 자원관리 시스템(ERP, Enterprise Resources Planning)는 통합제조관리(Integrated Manufacturing Management)라고도 부르며, 기존의 MRP(자원관리)에 인사, 회계, 재무 등을 통합한 시스템을 말한다.

10) 의사결정 지원 시스템(DSS, Decision Support System)은 사용자의 의사결정 모형과 데이터 접근을 촉진하여 구조적인 의사 결정을 지원하는 시스템으로 효율성(신속함과 비용절감) 보다는 효과성(올바른 결정)에 중점을 두고 설계해야 한다.

11) 전문가 시스템(ES, Expert System)은 전문가의 지식과 경험을 수집하여 조직에 남기고 이를 공유할 수 있도록 하는 시스템으로, UI(User Interface), 추론엔진(Interface Engine), KB(Knowledge Base), 설명 모듈(Explanation Module), 지식습득통로(Knowledge Acquisition Facility) 등으로 구성된다.

구성요소	설명
UI (User Interface)	사용자가 데이터를 입력하고 결과를 받을 수 있도록 함

구성요소	설명
추론엔진 (Interface Engine)	저장된 지식과 데이터를 이용하여 사용자가 입력한 정보를 분석하여 결론을 추론함
KB (Knowledge Base)	특정 문제 해결과 관련된 내용이 축적되는 곳으로, 전문가 판단 및 의사결정 방법 등이 저장됨
설명 모듈 (Explanation Module)	ES가 제시한 추론의 결과에 대한 이유(근거)를 설명해 줌
지식습득통로 (Knowledge Acquisition Facility)	전문가의 지식을 수집하여 정리하여 입력하는 통로

제2절 개발방법론 및 정보시스템 유지보수

1. 정형화된 절차 및 다이어그램 중심 도구를 이용해 사용자 요구사항 및 문서화를 기반으로 소프트웨어를 개발하는 방법론은 소프트웨어 개발이 증가하면서 소프트웨어 요구사항이 복잡해지고 이러한 문제를 해결하기 위해 등장하였다. (O, X)

2. SW개발에서 구조적 개발 방법론에 대한 다음 설명 중 가장 적절하지 않은 것은?

   ① 구조적 프로그래밍은 프로그램을 서브 프로그램들로 나누어 전체 구조를 쉽게 파악할 수 있도록 하는 방식이다.

   ② 프로그램을 구획화 함으로써 프로그램 품질, 소스의 가독성 등이 향상되어 생산성, 유지보수성 등이 향상된다.

   ③ 구조적 설계를 통해 개발과 유지보수의 생산성 향상 및 타 모듈에 대한 지식이 제한되어 보안성이 향상되었다.

④구조적 설계에 의해 잘 설계된 모듈은 모듈의 응집성이 낮고, 모듈간 결합성은 높은 특성을 보인다.

3. SW위기를 극복하기 위해 등장한 구조적 개발방법론에서 잘 설계된 모듈은 (가)와 (나)의 특성을 가진다. 다음 중 (가)와 (나)에 해당하는 설명으로 가장 적절한 것은?

①응집성이 높고, 결합성이 높다
②응집성이 높고, 결합성이 낮다
③응집성이 낮고, 결합성이 높다
④응집성이 낮고, 결합성이 낮다

4. SW개발을 위한 구조적 개발방법론에서 응집성과 결합성에 대한 다음 설명 중 가장 적절하지 않은 것은?

①응집성은 모듈을 구성하는 기능들이 논리적으로 상호 연관되어 있는 정도를 나타낸다.
②잘 설계된 모듈의 경우 응집성이 높을수록 좋다.
③모듈들이 물리적 또는 논리적으로 상호 연관되어 있는 정도를 결합성이라 한다.
④모듈 결합성이 높다는 것은 모듈간에 연관정도가 높은 것으로 결합성은 높을수록 좋다.

5. 구조적 개발 방법론의 문제점으로 적절하지 않은 것은?

① 데이터와 절차가 분리되어 있어서 이해 및 유지보수가 어렵다.

② 절차 중심의 접근방법을 사용함으로써 재사용의 한계가 존재한다.

③ 대규모 시스템 개발에 비효율적인 방식이다.

④ 외부환경변화에 대한 대응에 중점을 두고 있어, 내부 환경변화 대응이 어렵다.

6. 객체지향시스템 개발(OOSD) 방법론에 대한 설명으로 적절하지 않은 것은?

① 데이터와 Process를 하나의 객체(Object)로 결합하여, 객체 단위로 개발하고 유지보수하는 방식이다.

② 객체의 데이터를 객체의 Method로, 객체의 proess(기능)을 attribute로 표현한다.

③ 객체는 모듈처럼 전체 프로그램의 한 부분이나, 모듈과 달리 독립적으로 기능하며 다를 객체와 상호작용을 할 수 있다.

④ 이미 개발된 객체는 다른 프로그램에서도 재사용이 가능하다.

7. 객체지향시스템 개발(OOSD) 방법론의 주요 용어에 대한 설명으로 가장 적절하지 않은 것은?

① 캡슐화(Encapsulation)란 메소드와 속성을 객체 안에 내장시키는 것으로, 데이터와 데이터를 조작하는 연산(처리)를 하나로 묶는 것으로서 이를 통해 데이터 은닉이 가능해진다.

② 데이터 은닉(Data Hiding)은 객체가 내부의 처리과정을 외부에 노출시키지 않고, 객체의 인터페이스를 통해서만 접근하도록 하여, 객체의 세부 구성 및 처리 기능이 숨겨지는 것으로 보안성이 향상 된다.

③ 인스턴스(Instance)란 하위 클래스가 상위 클래스의 메소드와 속성을 물려받는 개념으로서, 설계와 인터페이스를 재사용하기 쉬워지며, 클래스들 간의 일관성을 향상시켜 준다.

④ 다향성(Polymorphism)이란 두 개 이상의 다른 클래스에 속한 Method를 객체마다 서로 다른 기능을 수행하도록 하는 것으로, 그리기라는 Method가 자동차 클래스에서와 집 클래스에서 다른 기능을 수행하게 한다.

8. 구조적 개발 방법론의 문제점을 개선하기 위해 등장한 대안적 방법론 중 하나인 객체지향시스템 개발(OOSD) 방법론의 장점으로 가장 적절하지 않은 것은 어떤 것인가?

① 프로그램 전체 구조 파악이 용이하다.

② 개발자의 코딩 오류가 감소한다.

③ 시스템의 유지보수성이 향상된다.

④ 소스 코드의 재사용이 가능하다.

9. 컴포넌트 기반 개발(CBD) 방법론에 대한 특징 설명으로 다음 중 적절하지 않은 것은?

① 프로그램 구성 요소의 인터페이스를 표준화하여 개발함으로써 개발 언어가 달라도 실행코드를 재 사용할 수 있게하는 방법이다.

② 컴포넌트(Component)는 정형화된 인터페이스를 통해 타 컴포넌트(Component)와 상호동작이 가능하다.

③ 객체지향시스템 개발(OOSD)에서 파생된 개념으로 상속의 개념이 존재한다.

④ 다른 컴포넌트를 호출할 때 RPC(Remote Procedure Call) 프로토콜 사용한다.

10. Web기반 어플리케이션(WBD) 방법론에 대한 특징 설명으로 다음 중 적절하지 않은 것은?

① SOAP는 웹 어플리케이션을 호출하기 위한 API를 정의하는

데 사용되는 규격으로, 서버의 객체를 호출하는 RPC(Remote Procedure Call)규격을 표준화한 것이다.

② Web기반 어플리케이션(WBD, Web Based Application Development) 방법론은 이미 제작되어 서비스 되는 웹 기반 어플리케이션을 비즈니스에 활용하는 접근방법이다.

③ WDSL은 XML을 기반으로 웹 어플리케이션에 관해서 설명하는 데 사용되는 문서 작성 언어이다.

④ UDDI는 웹 어플리케이션 위치를 알려주는 메세징 기술로 XML로 구현되어 있으며, 전달 메커니즘으로는 http를 사용한다.

11. 애자일 개발(Agile Development) 방법론에 대한 특징 설명으로 다음 중 적절하지 않은 것은?

① 긴밀한 상호 작용을 유지하면서 짧은 개발 회차를 반복적으로 수행하여 SW를 증분적(incremental)으로 납품하는 방식이다.

② 예견적이며, 프로세스 중심적인 방법론으로 급변하는 비즈니스 환경에서 보다 많은 이익을 얻기 위해 스스로 변화하고 또 주위의 변화에 대응할 수 있는 방법론이다.

③ 기술 환경 변화에 민첩하게 대응하면서 시스템 구성 요소 중 가장 핵심적이고 중요한 부분부터 차례로 신속하게 개발하는

방법론이다.

④대표적인 애자일 개발 방법론으로 스크럼, XP, 크리스탈, 적
응적 SW개발 등이 있다.

12. 어플리케이션 또는 SW제품 등을 해체하여 어떤 기능을 수행
하는지 파악하는 것으로, 전혀 문서화되어 있지 않거나 부실
한 시스템에 대해 분석하기 위해 사용하는 것을 재공학(Re-
engineering)이라 한다. (O, X)

13. CASE(Computer Aided Software Engineering)도구는 SW개발 전 과
정에서 산출물의 품질과 생산성 향상을 위한 자동화 도구로서
다이어그램 작성, 코드 생성, 프로토타입 제작 등을 지원하므로,
필요한 경우 편의를 고려해서 프로젝트 중간에 도입하거나 변경
하는 것이 바람직하다. (O, X)

14. 주식회사 ABC는 새로운 온라인 쇼핑몰 구축을 위해 물리적 아
키텍처 분석 프로젝트를 진행하고 있다. 물리적 아키텍처 분석
의 목적과 관련하여 다음 설명 중 가장 적절하지 않은 것은?

①기존 아키텍터를 성공적으로 분석하기 위해 수행한다.

②조직의 특별한 제약사항이나 요구사항을 고려한 새로운 아키

텍처 설계하기 위해 수행한다.

③ 새로운 아키텍처의 기능 요구사항을 작성하기 위해 수행한다.

④ 증명된 솔루션 확보를 위한 올바른 기술력을 갖춘 협력업체 선정을 위한 근거개발을 위해 수행한다.

15. 주식회사 ABC는 새로운 온라인 쇼핑몰 구축과 관련하여 핵심이 되는 응용 시스템을 차체 개발을 할지, 외부에서 구입을 할지에 대해서 검토하고 있다. 응용 시스템을 자체 개발할 경우와 외부에서 구입할 경우를 비교했을 때, 인수 테스트는 응용 시스템을 자체 개발할 경우와 외부에서 구입할 경우 어느 경우가 더 중요한가?

① 응용 시스템을 자체 개발하는 경우가 더 중요하다.

② 응용 시스템을 외부에서 구입하는 경우가 더 중요하다.

③ 응용 시스템을 자체 개발하거나 외부 구입하거나 모두 중요하다.

④ 응용 시스템을 자체 개발과 외부 구입을 병행할 때가 중요하다.

16. ISO 9126에 대한 설명으로 적절하지 않은 것은?

① SW 품질의 특성을 정의하고 품질 평가의 Metrics를 정의한 국제 표준이다.

② 사용자 관점에서 SW 제품에서 기대되는 일반적인 품질 특성을 제시한다.

③각 품질 특성을 달성하기 위해 개발자들이 충족해야 할 특성을 제시한다.

④사용자 관점에서 SW제품에 요구되는 품질 특성을 내부부 특성이라 한다.

17. ISO9126의 6가지 품질 특성에 해당 하지 않는 것은?

① 기능성(Functionality)

② 신뢰성(Reliability)

③ 이식성(Portability)

④ 다향성(Polymorphism)

18. 감사인 홍길동은 주식회사 ABC에 대한 감사를 수행하고 있는 중, 최근 주식회사 ABC의 주요 시스템인 온라인 쇼핑몰이 주말 저녁 갑자기 중단되었고, 긴급 복구를 위해 관련 프로그램이 수정된 것을 확인하였다. 온라인 쇼핑몰 프로그램의 긴급 수정과 관련된 변경통제 절차에 대해서 감사인 홍길동의 다음 판단 중 가장 적절한 것은 어느 것인가?

①공식적인 변경요청서를 제출하지 않은 상태에서 변경을 진행하였으므로 주식회사 ABC의 변경통제절차에 문제가 있다.

②변경에 대한 타당성을 CCB를 통해 승인을 받지 않고 변경

을 진행하였으므로 주식회사 ABC의 변경통제절차에 문제가 있다.

③ 비상 상황이므로 공식적인 절차를 따를 수 없기에 주식회사 ABC의 변경통제절차에는 문제가 없다.

④ 비상 상황이므로 비상 변경을 하고, 활동로그를 분석 및 사후 공식 변경 절차를 따랐으므로 주식회사 ABC의 변경통제절차에는 문제가 없다.

19. 형상관리(Configuration Management)에 대한 다음 설명 중 적절하지 않은 것은?

① 형상(Configuration)이란 제품의 외관, 구조, 형태, 위치, 기능, 특성과 더불어 이에 관한 기록을 말한다.

② 형상관리란 특정 제품이나 프로그램에 대한 버전별 정보를 기록/관리하는 실무를 말한다.

③ 형상관리는 기준선(BaseLine)통제하에 있는 모든 프로그램의 구성 변경에 대한 통제를 유지하는 것이다.

④ 형상관리는 불법 변경을 예방하는 것이 그 주 목적이다.

20. 라이브러리 통제에 대한 다음 설명 중 적절하지 않은 것은?

① 각종 파일(프로그램 및 데이터 파일)들을 보관하는 물리적, 논리적

장소인 라이브러리를 관리하는 것을 말한다.

② 프로그램 라이브러리는 크게 개발과 운영 라이브러리로 구분된다.

③ 개발라이브러리는 소스코드 라이브러리와 테스트(스테이징) 라이브러리로 구분된다.

④ 스테이징 라이브러리는 최대한 운영환경 라이브러리와 동일하여야 한다.

21. 주식회사 ABC는 자사의 온라인 쇼핑몰에 대한 개발라이브러리와 목적라이브러리를 분리하여 운영하고 있다. 이와 같이 개발라이브러리와 목적라이브러리를 분리하여 운영하는 주된 목적으로 가장 적절한 것은?

① 원시코드에 대한 임의 수정을 방지한다.

② 테스트 도중 발생할 수 있는 버전 변경의 영향을 방지한다.

③ 목적 코드를 부정하게 변경하고 실행하는 것을 예방한다.

④ 개발자와 운영자 간의 엄격한 직무분리를 보장한다.

1. 정답 : X

　※ SW위기(기존 SW의 기능을 변경하거나 다른 SW와 연계 시 비용이 급증하는 현상)를 해결하기 위해 등장한다.

2. 정답 : 4

　※ 잘 설계된 모듈은 모듈의 응집성이 높고, 모듈간 결합성은 낮다.

3. 정답 : 2

　※ 구조적 개발 방법론은 정형화된 절차 및 다이어그램 중심 도구를 이용해 사용자 요구사항 및 문서화를 기반으로 소프트웨어를 개발하는 방법론으로, SW위기를 극복하기 위해 등장한 방법론으로, 프로그램을 계층구조로 분할된 모듈의 합으로 설계하는 방식이며, 잘 설계된 모듈은 모듈의 응집성이 높고, 모듈간 결합성은 낮다.

4. 정답 : 4

　※ 응집성과 결합성 비교

응집성(Cohensiveness)	결합성(Coupling)
• 모듈을 구성하는 기능들이 논리적으로 상호 연관되어 있음	• 모듈들이 물리적 또는 논리적으로 상호 연관되어 있음
• 모듈 내에는 관련성이 있는 처리 기능들만 포함	• 모듈들은 상호 독립된 기능을 수행함
• 높을수록 좋음	• 낮을수록 좋음

5. 정답 : 4

※ 데이터와 절차가 분리되어 있어서 이해 및 유지보수가 어려우며, 절차 중심의 접근방법을 사용함으로써 재사용의 한계가 존재하며, 대규모 시스템 개발에 비효율적이고, 외부 환경 변화에 대처하기 어렵다.

6. 정답 : 2

※ 객체의 데이터를 객체의 속성(attribute)으로, 객체의 proess(기능)을 메소드(method)로 표현한다.

7. 정답 : 3

※ 인스턴스(Instance)는 클래스의 특정 값이 채워져서 만들어진 고유한 객체. 즉 클래스로부터 만들어진 특정한 객체로서 실제의 구현된 값을 의미하며, 상속(Inheritance)은 하위 클래스가 상위

클래스의 메소드와 속성을 물려받는 개념으로서, 설계와 인터페이스를 재사용하기 쉬워지며, 클래스들 간의 일관성을 향상시켜 준다.

8. 정답 : 1

※ 객체지향시스템 개발(OOSD) 방법론 데이터와 Process를 하나의 객체(Object)로 결합하여, 객체 단위로 개발하고 유지보수함으로써 프로그램의 유지보수성이 높아지고, 이미 개발된 객체를 다른 프로그램에서도 재사용이 가능하다. 이중 가장 큰 장점은 객체의 재사용성이다. 객체를 재사용함으로써 개발 비용이 절약되고, 검증된 코드를 재사용함으로써 코딩 오류도 감소하게 된다.

하지만 객체지향시스템 개발(OOSD) 방법론을 이용함으로써 프로그램 전체 구조 파악이 용이해지는 것은 아니다.

9. 정답 : 3

※ 컴포넌트 기반 개발(CBD)는 객체지향시스템 개발(OOSD)에서 파생된 개념이나 상속의 개념은 없다.

10. 정답 : 4

※ UDDI는 사용 가능한 웹 어플리케이션들의 목록을 XML기반
으로 작성해 두고 필요한 웹 어플리케이션 등을 검색하는데 사
용한다.

11. 정답 : 2

※ 애자일 개발(Agile Development) 방법론은 예견적이라기보다는
적응적이며, 프로세스 중심이라기보다는 사람 중심적인 방법
론이다.

12. 정답 : X

※ 역공학(Reverse Engineering)을 말한다.

13. 정답 : X

※ CASE도구를 프로젝트 중간에 도입하거나 변경하는 것은 적절
하지 않다.

14. 정답 : 3

※ 물리적 아키텍처 분석의 목적은 기존 아키텍터의 성공적인 분
석(정보의 수신, 처리, 저장 및 전송 등 모든 데이터에 대한 데이터 흐름 분석

을 포함)하고, 조직의 특별한 제약사항이나 요구사항을 고려한 새로운 아키텍처 설계하며, 새로운 아키텍처의 기능 요구사항을 작성하고, 새로운 아키텍처의 기능 요구사항에 근거한 개념 검증(POC, Proof of Concept)개발을 하기 위함이다.

15. 정답 : 3

※ 응용 시스템의 궁극적인 목적은 사용자들이 비즈니스를 수행할 때 필요한 요구사항을 잘 만족하는 것이며, 이러한 요구사항의 만족여부는 사용자 인수테스트를 통해서 확인할 수 있으므로 매우 중요한 과정이다. 따라서 인수테스트는 응용시스템을 자체 개발하거나 외부에서 구입하거나에 상관없이 모두 똑 같이 중요하다고 할 수 있다.

16. 정답 : 4

※ 사용자 관점에서 SW제품에 요구되는 품질 특성을 외부 특성이라 하며, 외부특성 달성을 위해 개발자가 충족해야할 특성을 내부 특성이라 한다.

17. 정답 : 4

※ ISO9126의 6가지 품질 특성

외부특성	설명	관련 내부 특성
기능성 (Functionality)	요구되는 기능들을 실제로 보유하고 있는 정도	적합성, 정확성, 상호운용성, 유연성, 보안성
신뢰성 (Reliability)	특정 조건과 일정 수준의 성능을 특정 기간 유지할 수 있는 능력	성숙도, 회복성, 오류 허용성, 준수성
사용성 (Usability)	사용법을 손쉽게 익히고 편리하게 사용할 수 있는 특성	이해성, 운용성, 습득성, 친밀성
효율성 (Efficiency)	성능 수준 유지에 필요한 자원 및 시간을 적게 사용하는 특성	실행 효율성, 자원 효율성
유지 보수성 (Maintainability)	기능과 구조를 변경하기 쉬운 특성	해석성, 안정성, 변경성, 시험성
이식성 (Portability)	새로운 환경에 쉽게 설치되고 충돌 없이 실행되는 특성을 말함	환경 적응성, 일치성, 치환성, 이식 작업성

18. 정답 : 4

※ 비상상황에서 사전에 공식적인 변경절차를 따를 수 없는 경우, 비상 승인을 하고 관련 활동기록을 분석하여 부당한 행위가 발생하지 않았는지 확인하며, 사후 변경 범위, 필요성 등에 대해서 CCB(변경통제위원회)에 보고하고 사후 승인을 받는 공식변경 절차를 따라야 한다.

19. 정답 : 4

※ 형상관리와 변경관리 비교

구분	형상관리	변경관리
목적	형상에 대한 이력 관리 및 유지	불법 변경을 예방
절차	형상 식별	변경 요청 및 승인
	형상 통제	변경 수행 및 테스트
	형상 회계(기록관리)	사용자 인수
	형상 감사	변경내역 문서화

20. 정답 : 3

※ 개발 라이브러리와 운영 라이브러리 비교

개발 라이브러리		운영 라이브러리	
개발 라이브러리	테스트 (스테이징) 라이브러리	소스코드 라이브러리	목적(실행, 생산, 운영) 코드 라이브러리
소스코드 개발 및 변경 수행	변경에 대한 테스트 수행	운영환경에 사용 중인 소스코드 보관	운영환경에 사용중인 목적(실행, 생산, 운영) 코드 보관
개발자만 접근 허용 (경우에 따라, 스테이징은 품질관리자만 접근 허용)		라이브러리안 또는 변경 통제 담당자만 접근 허용	운영직원 및 사용자만 접근 허용

21. 정답 : 3

※ 개발과 목적라이브러리의 분리와 같은 라이브러리 통제의 목적은 프로그래머 등이 부당한 라이브러리에 접근하거나 부당한 변경을 하는 것을 예방하는 것이다. 한편 원시코드는 소스코드 라이브러리에 존재하며 테스트와 관련된 부분은 테스트(스테이징) 라이브러리에 보관되므로, 문제에서 제시한 개발라이브러리와 목적라이브러리 분리와는 다소 거리가 있다. 또한, 개발라이브러리와 목적라이브러리의 분리가 직무분리를 구현하기 위한 통제의 한 방법이기는 하나 그 자체로서 직무분리를 보장하는 것은 아니다.

앞의 수준확인 문제의 정답 수를 기준으로 보충학습자료의 내용을 다음과 같이 학습할 것을 권고한다.

정답 수	학습 가이드
16문제 이상	아래 보충학습 자료 내의 이론 설명 내용을 빠르게 읽으며 주요 개념 환기한다.
10~15문제	아래 보충학습 자료 내의 이론 설명 내용을 자신의 스타일로 요약정리하며 학습 권고한다.
9문제 이하	이론 설명 내용을 최초 2~3회 이상 정독하여야 하며, 필요한 경우 본 책에서 설명된 주요 개념 등에 대해 추가적인 상세 자료를 통해 꼼꼼하게 학습하기를 권고한다.

1. 개발방법론

1) 구조적 방법론은 정형화된 절차 및 다이어그램 중심 도구를 이용해 사용자 요구사항 및 문서화를 기반으로 소프트웨어를 개발하는 방법론으로, 소프트웨어 위기가 발생하고 이러한 문제를 해결하기 위해 등장했다.

   ※ SW위기 : 기존 SW의 기능을 변경하거나 다른 SW와 연계 시 비용이 급증하는 현상

2) 구조적 프로그래밍은 프로그램을 구획화 즉, 프로그램을 서브프로그램들로 나누어 전체 구조를 쉽게 파악할 수 있도록 하는 방식이다.

3) 구조적 설계는 프로그램을 계층구조로 분할된 모듈의 합으로 설계하는 방식으로, 잘 설계된 모듈은 모듈의 응집성이 높고, 모듈간 결합성은 낮다.

응집성(Cohensiveness)	결합성(Coupling)
• 모듈을 구성하는 기능들이 논리적으로 상호 연관되어 있음 • 모듈 내에는 관련성이 있는 처리 기능들만 포함 • 높을수록 좋음	• 모듈들이 물리적 또는 논리적으로 상호 연관되어 있음 • 모듈들은 상호 독립된 기능을 수행함 • 낮을수록 좋음

• 대표적인 구조적 설계기법으로는 구조도와 모듈 명세서가 있다.

구조도	모듈 명세서
• 시스템을 구성하는 모듈을 계층 구조로 표현한 그림 • 전체 시스템의 구조를 직관적으로 파악 가능	• 슈도코드(Pseudo-code, 유사 코드)로 간략하게 작성한 명세서 예) if a = 0 　　c = a + b 　else 　　c = a - b

4) 구조적 분석은 시스템이 지원할 비즈니스 프로세스를 하향식으로 분할하고 시각적으로 표현하는 것으로, 배경도, 개체관계도(ERD), 데이터흐름도(DFD), 데이터 사전 등의 기법이 있다.

구분	설명
배경도 (Context Diagram)	• 시스템을 최상위 수준에서 조망하는 다이어그램 • 시스템 내부의 기본 구성요소들과 외부 요소들의 상호작용을 표현 • 개발 대상 시스템 범위와 외부 요소들 파악에 도움
개체관계도 (ERD)	• 데이터 객체 간 상호 관계를 시각적으로 표현하는 기법 • 구조적 설계와 분석을 구분하지 않음(구조적 분석과 설계 모두를 지원)
데이터흐름도 (DFD)	• 특정 프로세스를 구성하는 하위 프로세스들 사이의 데이터 이동을 표현하는 기법 • 최하위 프로세스 수준에서 작성된 DFD가 실제 개발에서 프로그래머들에게 개발할 모듈과 함께 제공됨
데이터 사전	• 시스템 상의 모든 데이터 항목의 명칭, 의미, 형식, 길이, 용도 등을 정의한 자료 • 모든 모듈에서 데이터 항목의 표현에서 일관성을 유지하게 하여 식별이 용이하게 됨

5) 구조적 방법론은 데이터와 절차가 분리되어 있어서 이해 및 유지보수가 어렵고, 절차 중심의 접근방법을 사용함으로써 재사용의 한계가 존재하며, 대규모 시스템 개발에 비효율적이고, 외부 환경 변화에 대처하기 어렵다.

6) 객체지향시스템 개발(OOSD, Object Oriented System Development) 방법론은 데이터와 Process를 구분하여 생각하던 전통적인 구조적 방법과 다르게, 데이터와 Process를 하나의 객체(Object)로 결합하여, 객체 단위로 개발하고 유지보수한다. 다음은 객체지향시스템 개발 방법론의 특징이다.

- 객체의 데이터를 객체의 속성(attribute)으로, 객체의 proess(기능)을 메소드(method)로 표현함

- 캡슐화(Encapsulation) : 메소드와 속성을 객체 안에 내장시키는 것. 즉, 데이터와 데이터를 조작하는 연산(처리)를 하나로 묶는 것으로서 이를 통해 데이터 은닉이 가능해 짐

- 데이터 은닉(Data Hiding) : 객체가 내부의 처리과정을 외부에 노출시키지 않고, 객체의 인터페이스를 통해서만 접근하도록 하여, 객체의 세부 구성 및 처리 기능이 숨겨지는 것. 보안성이 향상 됨

- 클래스(Class) : 메소드와 속성을 공유하는 객체들이 집합으로, 개별 사물들을 일반화하여 분류하는 개념. 상위 클래스와 하위 클래스로 계층화 가능

- 인스턴스(Instance) : 클래스의 특정 값이 채워져서 만들어진 고유한 객체. 즉 클래스로부터 만들어진 특정한 객체로서 실

제의 구현된 값을 의미함

- 상속(Inheritance) : 하위 클래스가 상위 클래스의 메소드와 속
  성을 물려받는 개념으로서, 설계와 인터페이스를 재사용하
  기 쉬워지며, 클래스들 간의 일관성을 향상시켜 줌

- 다형성(Polymorphism) : 두 개 이상의 다른 클래스에 속한 Met
  hod를 객체마다 서로 다른 기능을 수행하도록 하는 것으로,
  그리기라는 Method가 자동차 클래스에서와 집 클래스에서
  다른 기능을 수행하는 것. 즉 같은 동작(그리기)을 요구하지만
  수행되는 기능은 다르게 됨

7) 컴포넌트 기반 개발(CBD, Component Based Development) 방법론
   은 프로그램 구성 요소의 인터페이스를 표준화하여 개발함으로
   써 개발 언어가 달라도 실행코드를 재 사용할 수 있게하는 방법
   으로, 컴포넌트 기반 개발(CBD)는 객체지향시스템 개발(OOSD)
   에서 파생된 개념이나 상속의 개념은 없으며 다른 컴포넌트를
   호출할 때 RPC(Remote Procedure Call) 프로토콜 사용한다.

구조도	모듈 명세서
• SW재사용을 통해 개발 시간과 비용 단축시킴 • 프로그램 간의 호환성과 이식성을 높임 • 품질 검토된 기존 컴포넌트 재사용함으로 개발 품질 향상됨	• 컴포넌트 간 통합을 고려하여 시스템 개발 필요 • 기존 컴포넌트가 요구사항을 충족 못할 수 있으므로 그에 대한 대비 필요

• 대표적인 컴포넌트 기반 개발(CBD) 모델과 구현 기술은 다음과 같다.

구분	MS	Sun	OMG
CBD모델	COM/DCOM	EJB	COBRA
CBD기술	.NET	J2EE	CCM

8) Web기반 어플리케이션(WBD, Web Based Application Development) 방법론은 이미 제작되어 서비스 되는 웹 기반 어플리케이션을 비즈니스에 활용하는 접근방법으로, 웹 어플리케이션 모듈들을 호출하고 데이터를 주고 받기 위해 XML(호환성과 확작성이 향상된 마크업 언어)를 사용하며, 주요 구성요소로는 SOAP, WDSL, UDDI가 있다.

구분	설명
SOAP (Simple Object Access Protocol)	• 웹 어플리케이션을 호출하기 위한 API를 정의하는데 사용되는 규격 • 메세징 기술은 XML로 구현되어 있으며, 전달 메커니즘으로는 http를 사용함 • 서버의 객체를 호출하는 RPC(Remote Procedure Call)규격을 표준화한 것 • XML을 기반으로하므로 용어 그대로 간단하며, 확장성이 높고, 여러 전송프로토콜(http, https, smtp등)과 연계 용이함
WDSL (Web Service Description Language)	• XML을 기반으로 웹 어플리케이션에 관해서 설명하는 데 사용되는 문서 작성 언어 • 웹 어플리케이션의 위치, 수행기능, 입출력 메시지 형식 등을 정의하는 데 사용
UDDI (Universal Description Discovery and Integration)	• 사용 가능한 웹 어플리케이션들의 목록을 XML 기반으로 작성해 두고 필요한 웹 어플리케이션 등을 검색하는 데 사용 • WDSL로 UDDI의 인터페이스를 기술함

9) 속성 애플리케이션 개발(RAD, Rapid Application Development) 방법론은 높은 생산성과 신속한 개발을 통해 SW 개발 비용을 절감하면서 품질을 높게 유지하는 일련의 개발 접근법을 말한다.

● RAD는 전략적으로 중요하고 기능이 분명한 시스템 개발에는 적합하며, RAD는 요구사항이 방대한 대규모 시스템 개발에는 적절하지 않다.

10) 애자일 개발(Agile Development) 방법론은 긴밀한 상호 작용을 유지하면서 짧은 개발 회차를 반복적으로 수행하여 SW를 증분적(incremental)으로 납품하는 방식을 말하며, 애자일 개발(Agile Development) 방법론은 예견적이라기보다는 적응적이며, 프로세스 중심이라기보다는 사람 중심적인 방법론이다. 또한, 기술 환경 변화에 민첩하게 대응하면서 시스템 구성 요소 중 가장 핵심적이고 중요한 부분부터 차례로 신속하게 개발하는 방법론이며, 스크럼, XP, 크리스탈, 적응적 SW개발 등이 대표적인 애자일 개발 방법론이다.

11) 역공학과 재공학

역공학(Reverse Engineering)	재공학(Re-engineering)
● 기존의 구성요소들과 그들간의 상호 관련을 파악하기 위해 시스템 생명주기를 역 과정으로 분석해 가는 것	● 기존의 설계, 개발 요소를 추출한 후 기존 시스템을 변경하는 방법

역공학(Reverse Engineering)	재공학(Re-engineering)
• 어플리케이션 또는 SW제품 등을 해체하여 어떤 기능을 수행하는지 파악하는 것 • 전혀 문서화되어 있지 않거나 부실한 시스템에 대해 분석하기 위해 사용 • 디컴파일러를 사용하여 목적코드나 실행코드로부터 소스코드를 얻거나 설계 또는 분석 산출물을 작성함 • 역공학을 통해 최초 설계된 것과 동일한 자료를 얻는 것은 불가능함	• 역공학 + 순공학의 과정 • 시스템의 운영방식이나 기능 구현 방식에 큰 변화를 일으켜 시스템을 개선하고 사용자 만족도를 증가 시키고자 할 때 사용 • 조직의 중요한 변화가 있을 때 기존 시스템을 최대한 재활용할 수 있도록 함

12) CASE(Computer Aided Software Engineering)도구란 SW개발 전 과정에서 산출물의 품질과 생산성 향상을 위한 자동화 도구로 프로젝트 중간에 도입하거나 변경하는 것은 적절하지 않다.

2. 인프라 개발/획득 실무

1) 조직이 현재 운영중인 시스템의 위험(예: 기능상 결함 등)에 대한 대응으로 새로운 인프라를 개발 및 획득하게 되고, 새로운 인프라 개발 및 획득을 위해서, 크게 ①물리적 아키텍처 분석하고 ② 새로운 아키텍처의 정의와 함께 어떤 아키텍처로 발전해 나가는데 필요한 로드맵(인프라 구현계획, 하드웨어 획득, 시스템 소프트웨어 획득)을 작성하게 된다.

2) 물리적 아키텍처 분석의 목적은, 기존 아키텍터의 성공적인 분석, 새로운 아키텍처 설계, 새로운 아키텍처의 기능 요구사항을 작성, 개념검증(POC, Proof of Concept)개발을 하기 위함이다.

3) 물리적 아키텍처 분석 프로젝트 단계는 기존 아키텍처의 검토, 분석 및 설계, 기능 요구사항 초안 작성, 공급자 및 제품의 선정, 기능 요구사항 작성, 개념검증(POC)로 구성되어 있다.

① 기존 아키텍처의 검토

- 프로젝트 시작을 위해서 기존의 아키텍처에 대한 최신 문서 검토해야 함

- 워크숍을 통해 기존 아키텍처의 검토를 수행

- 워크숍 참자가는 새로 도입될 물리적인 아키텍처에 의해 직접적 영향을 받는 모든 IT부서 인력

- 워크숍을 통해 물리적 아키텍처를 정의하는 현재 인프라의 구성요소와 제약사항 목록이 도출됨

② 분석 및 설계

- 기존 아키텍처의 검토 후, 물리적 아키텍처의 분석과 설계를 수행하며, 분석 및 설계는 Best Practice를 따르며, 비즈니스 요구사항을 만족하여야 함

③ 기능 요구사항 초안 작성

- 물리적 아키텍처의 분석과 설계가 이루어지면 첫 번째 기능요구사항이 정의 됨

- 첫 번째 기능요구사항은 초안으로 다음 단계의 입력물로 사용

- 첫 번째 기능요구사항인 초안을 이용하여 공급자 및 제품을 선정하기 위한 프로세스를 진행하게 됨

④ 공급자 및 제품의 선정

- 공급자 선정을 위한 프로세스는 기능 요구사항 초안 작성

과 함께 진행하게 됨

⑤ 기능 요구사항 작성

- 첫 번째 기능요구사항인 초안을 바탕으로, 기능요구사항 문서를 완성하게 됨

- 기능요구사항 문서 완성을 위해 워크숍을 진행함

⑥ 개념검증(POC)

- 선정된 제품이 보안요구사항을 포함하여 모든 요구사항을 만족하는 지 증명하게 됨

- POC를 통해 테스트 결과를 기술한 문서와 실행가능한 프로토타입이 도출 됨

- POC는 기업의 특성 고려하여 수준을 달리하며, 보안성이 강하게 요구되는 기업이라면 POC동안 데이터보호 및 기밀유지 등을 위한 대책마련이 필요하게 됨

4) 물리적 아키텍처 분석 프로젝트 단계를 통해, 새롭게 도입될 기능요구사항 등이 명확하게 정의가 되면, 인프라 구현을 위한 계획을 수립하며, 인프라 구현 계획 수립 시, 핵심 비즈니스 및 기술 요구사항의 범위를 선택하고, 인도, 설치 및 테스 계획을 개발하게 된다.

5) 인프라 구현 계획 수립 단계는 조달단계, 인도단계, 설치계획 단계, 설치테스트 계획 단계로 이루어진다.

① 조달 단계에서는 공급업체 평가 기준 개발 → 공급업체 전체 목록 작성 → 공급업체 후보 목록 작성 → 선호하는 공급업체 선정 → 협력관계정의 순서로 우선 협상 대상을 정하고, 산출물, 계약서, 서비스 수준계약(SLA) 등을 체결함

② 인도 단계에서는 인도 계획(우선순위, 목표, 의사소통전략, 핵심지표 등 포함)이 수립되며, 일부는 조달 단계와 중복되기도 함

③ 설치계획 단계에서는 모든 영향 받는 관련자들과 협력하여 설치 계획을 개발함

④ 설치테스트 계획 단계에서는 설치계획을 바탕으로 테스트 계획이 수립됨

6) 하드웨어(시스템) 획득 시, 공급자들에게 배포할 시스템 명세서와 공급자들의 제안서를 평가할 기준을 마련하여야 하며, 시스템 명세서는 입찰요청서(ITT) 또는 제안요청서(RFP) 형식으로 공급자에게 전달되기도 한다.

7) SW획득의 절차는 타당성 검토, 분석, 선정, 설정, 테스트 및 구

현으로 이루어진다.

① 타당성 검토

- 기존 시스템을 수정할지, 새로 개발할지, 상용 패키지를 구입할지 등에 대해서 결정하는 과정
- 요구사항을 가장 잘 충족하는 방법을 고려하여야 함
- 각 대안의 소요 비용과 시간 등을 고려하여야 함

② 분석

- 사용자 요구사항에 대한 분석을 실시하여야 함
- 사용자 요구사하에 대한 분석은 패키지 구입시에도 실시하여야 함
- 요구사항에 대한 분석은 SW구입 관점에서 이루어짐

③ 선정

- 요구사항, 소스코드 제공여부, 유지보수 서비스 범위 등의 정보가 포함된 RFP를 보냄
- 공급사가 제출한 제안서를 평가하고, 적격 업체를 선정하여 협상을 통해 계약을 체결함

④ 설정

- SW를 조직의 환경에 맞도록 수정하여야 함

- 패키지의 경우, 패키지만으로 요구사항이 충족되지 않는 경우 일부 모듈을 수정하거나 추가 개발해야 함
- 패키지 시스템의 경우, 패키지 시스템과의 연동을 위해 기존에 사용중인 시스템을 수정해야 할 수 도 있음

⑤ 테스트 및 구현

- 연계 테스트, 통합 테스트, 시스템 테스트 등 상황에 맞게 테스트를 수행함
- 최종 인수테스트를 수행한 후 시스템 이관을 함
- 데이터 변환, 사용자 교육, 헬프 데스크 운영 등을 진행함
- 프로젝트 후 검토와 구현 후 검토 등도 수행해야 함

8) IT인프라에 새로운 요소가 도입되거나 변경되면 기존 환경에 다양한 영향을 미치므로, 철저한 비용편익 분석 및 영향/위험 평가를 통해서 적절한 변경 승인(변경통제)을 하여야 한다.

9) 비즈니스 프로세스 재설계(BPR, Business Process Re-engineering) 는 비즈니스 프로세스를 급격하고 대대적으로 재설계하여 생산성을 극적으로 향상 시키는 기법이다.

10) ISO 9126은 SW 품질의 특성을 정의하고 품질 평가의 Metrics를 정의한 국제 표준으로, 사용자 관점에서 SW 제품에서 기대되는 일반적인 품질 특성을 제시하며, ISO9126은 6가지 품질 특성(기능성, 신뢰성, 사용성, 효율성, 유지보수성, 이식성)을 제시하고 있다.

3. 정보시스템 유지보수 실무

1) 정보시스템 유지보수란 실제 운영 중인 시스템이 최초 상태에서 변하지 않고 운영되기 어렵고 여려 이유로 변경이 발생하므로 이러한 변경(수정)에 대한 관리를 하는 것으로 특히 응용 프로그램의 대한 변경과정을 말하며, 시스템의 가용성 향상, 사용자의 요구사항을 반영, 시스템의 사용 연한 연장이 그 목적이다.

2) 지속적인 유지보수에 대한 원활한 관리를 위해 변경관리 등을 위한 표준 방법론이 필요하며, 일반적인 변경절차는 사용자 변경요청 접수 → 관련 자원(소스 등)를 테스트 환경으로 복사 → 소스 변경 및 시험 → 시험결과에 대한 사용자 승인 → 문서 변경 → 변경된 소스 이관 → 사용자 부서 사용 등의 순서로 이루어진다.

3) 변경관리(Change Management)는 승인받지 않은 프로그램 변경을 예방하기 위한 절차이며, 변경의 필요를 인지한 주체는 CRF(변경요청서, Change Request Form)을 통해 변경 요청하여야 한다.

- CRF는 변경통제위원회(CCB, Change Control Board) 또는 승인 권자에게 제출하며, CCB 또는 승인권자는 변경요청에 대해 비용, 이익, 위험 등을 고려하여 변경 타당성을 평가하고 승인여부를 결정한다.

- 변경 요청이 승인되면 유지보수팀이 구성되어 변경을 진행하고, 변경 후 반드시 사용자 인수테스트를 거쳐 인수여부를 결정한다.

4) 변경요청서(CRF, Change Request Form)는 변경 필요사항에 대해서 유지보수팀에 전달하는 공식적인 문서로서, RFC(Request For Change)라고도 하며, 주요 포함 사항은 요청자, 요청일자 및 완료일자, 우선순위, 변경내역, 변경으로 인한 타시스템 영향, 변경사유, 비용 타당성 분석, 변경으로 예상되는 이익 등이 있다.

- 변경요청서의 내용에 대해서는 공식적인 승인이 반드시 필요하다.

5) 비상 변경관리는 비상 또는 긴급상황에서 변경 시, 개발자에게 비상 변경용 ID를 긴급부여하여 변경을 허가하게 되며, 관리자는 추후 활동 로그를 분석하여 이상 또는 부정행위가 발생하지 않았는지 확인하여야 한다.

6) 주요 승인받지 않은 변경 사례는 다음과 같다.

- 응용프로그램에 대한 책임이 있는 사용자가 변경 내용을 모르는 경우

- 어떤 사용자도 변경작업의 시작을 승인하는 유지보수 변경요청에 서명을 하지 않은 경우

- 변경 요청 양식이 공식적으로 작성되지 않은 경우

- 프로그램 관리자가 작업 시작을 승인하는 변경 양식에 서명을 하지 않은 경우

- 사용자가 실 운영시스템에 갱신되기 전에 수락을 나타내는 변경양식에 서명하지 않은 경우

- 변경된 프로그램 코드가 프로그램을 관리하는 관련 직원의 적절한 검토를 받지 않은 경우

- 프로그램 관리자가 실 운영으로 변경에 대해 변경 양식에 서

명하지 않은 경우

● 프로그래머가 개인적 이익이나 목적(예: 관리 등)을 위해 요구 사항이외의 코드를 추가한 경우

7) 형상관리는 이러한 형상을 관리하는 것으로, 특정 제품이나 프로그램에 대한 버전별 정보를 기록/관리하는 실무를 말하며, 절차는 프로그램이 개발되어 승인된 후, 형상관리부서로 전달되면, ① 관리번호가 붙여져 보관되고 → ② 베이스라인이 설정되며 → ③ 공식적인 변경절차에 의해서만 변경이 허용되며, 변경내역 기록관리 → ④ 변경내용에 대해 감사 실시한다.

구분	형상관리	변경관리
목적	형상에 대한 이력 관리 및 유지	불법 변경을 예방
절차	형상 식별	변경 요청 및 승인
	형상 통제	변경 수행 및 테스트
	형상 회계(기록관리)	사용자 인수
	형상 감사	변경내역 문서화

8) 라이브러리(Library) : 각종 파일(프로그램 및 데이터 파일)들을 보관하는 물리적, 논리적 장소를 말하며, 프로그램 라이브러리는 크게 개발과 운영 라이브러리로 구분되며, 각각은 다시 다음과 같이 세분화할 수 있다.

개발 라이브러리		운영 라이브러리	
개발 라이브러리	테스트 (스테이징) 라이브러리	소스코드 라이브러리	목적(실행, 생산, 운영) 코드 라이브러리
소스코드 개발 및 변경 수행	변경에 대한 테스트 수행	운영환경에 사용 중인 소스코드 보관	운영환경에 사용중인 목적 (실행, 생산, 운영) 코드 보관
개발자만 접근 허용 (경우에 따라, 스테이징은 품질관리자만 접근 허용)		라이브러리안 또는 변경 통제 담당자만 접근 허용	운영직원 및 사용자만 접근 허용

- 스테이징 라이브러리는 최대한 운영환경 라이브러리와 동일해야 한다.

9) 소스코드 비교는 소스코드의 변경을 추적하는데 효과적인 방법의 하나이며, 소스코드 비교 절차는 ①감사인이 소스코드 복

사본 획득 → ②일정시간(수일 또는 수주) 경과 후, 복사본과 현재 소스프로그램 버전 차이 추적(소스코드 비교 프로그램 사용) → ③추가, 변경, 삭제 목록과 관련 변경기록 비교검토이다.

10) 코드비교 vs 코드검토

코드비교	코드 검토
사용 중인 프로그램을 승인을 받은 버전과 비교하여 부정 변경 여부를 판단하는 기법	IS감사인이 직접 소스코드의 무결성이나, 소스코드의 오류 등을 검증하는 기법
코드의 변경을 식별하는 준거성 테스트(통제 테스트)의 한 기법	코드이 오류 등을 식별하는 실증 테스트(입증 테스트)의 한 기법

제3절 업무 프로세스 재설계 및 어플리케이션 통제

◨ 업무 프로세스 재설계 영역 관련 수준확인 문제 ◨

1. 업무프로세스(Business Process)란, 특정 투입물에 가치를 더하여 특정 산출물을 생산하는 일련의 상호 연관성 있는 작업 활동들의 집합을 말하며, 주요 속성으로는 고객, 소유자, 구조, 비전, 척도가 있다. (O, X)

2. 프로세스와 부서(팀)과의 관계는 일반적으로 하나의 프로세스에 대해 한 개의 부서가 관계되고, 하나의 부서는 복수 개 프로세스와 관련된다. (O, X)

3. 주식회사 ABC는 전사적 자원계획(ERP) 시스템을 도입하기 위해 비즈니스 프로세스 재설계를 수행하려고 한다. 다음 중 비즈니스 프로세스 재설계와 일반적인 업무 개선에 대한 설명 중 가장 적절하지 못한 것은?

① 비즈니스 프로세스를 급격하고 대대적으로 재설계하는 것이 BPR이다.

② 일반적 개선이 Bottom-Up식의 접근이라면 BPR은 Top-Down식 접근이다.

③ 변화의 형태로 보면 일반적 개선이 구조적이라면 BPR은 구조적이다.

④ 개선의 대상이 일반적 개선이 BPR보다 넓으며 그 이유는 점진적인 개선이기 때문이다.

4. 업무 프로세스 재설계(BPR) 절차와 관련된 설명 중 가장 적절하지 않은 것은?

① 일반적으로 As-Is Model 분석 → 개선사항 분석 → To-Be Model 수립 → 이행계획 수립의 단계로 진행한다.

② As-Is Model 분석에서 업무 프로세스의 고객과 소유주를 정확히 식별하고, 업무 프로세스의 수직적 구조와 수평적 구조를 파악한다.

③ 개선사항 분석은 프로세스를 구성하고 있는 활동들의 가치를 분석하고 통폐합하거나 변경 및 추가가 필요한 활동을 찾는 단계로 자주 사용하는 기법은 브레인스토밍기법이다.

④ 이행계획 수립은 새로운 업무 프로세스 모델 채택과정에서 발

생가능한 조직원들의 저항, 불필요한 비용 발생 등을 최소화하기 위한 변경관리 계획을 포함한 포괄적인 구현 계획을 말한다.

5. 업무 프로세스 재설계(BPR)의 성공요인과 영향으로 가장 적절하지 않은 것은?

① BPR의 성공은 현행 프로세스의 철저한 이해와 분석에 있다.

② BPR이 성공할 경우, 극적인 업무 성과 향상이 발생할 수 있다.

③ BPR은 고객과 소유자의 역할을 재정의하여 관계를 개선시킨다.

④ BPR은 직무분리 등 전통적인 예방통제를 강화시켜준다.

6. 감사인은 BPR로 인해 사라지거나 완화된 통제의 영향을 평가해야 하며, 통제 영향 평가 결과, BPR로 인해 사라지거나 완화된 통제에 따른 위험 비용이 BPR로 인해 절약되는 통제구현 비용보다 크다면, 경영진에 보고하여 위험 감수여부를 결정해야 한다. (O, X)

7. CASE(Computer Aided Software Engineering)도구에 대한 설명으로 적절하지 않은 것은?

① SW개발 전 과정 또는 일부 과정에서 산출물의 품질과 생산성

향상을 위한 자동화 도구이다.

② 작업 성과를 향상시키기 위해서는 개발자들이 CASE도구 사용에 익숙해져야 하므로, CASE도구가 개발자들에게 맞지 않다면 프로젝트 중간에 도입하거나 변경하는 것은 적절하다.

③ CASE도구는 사용과 비사용에 대한 통합이 어렵고, 사용에 대한 표준이 없다.

④ CASE도구는 시스템 개발 기간의 단축 및 개발 속도 향상시키고, SW모듈의 재 사용성 증가시킨다.

8. 주식회사 ABC는 SW개발 전 과정 또는 일부 과정에서 산출물의 품질과 생산성 향상을 위한 자동화 도구(CASE도구)를 도입하여 사용하고 있다. 다음 중 CASE도구와 관련된 설명 중 가장 적절하지 못한 것은?

① 상위(Upper) CASE 도구는 계획 기능 및 수명 주기의 분석과 개념 설계 단계를 지원한다.

② 중위(Middle) CASE 도구는 상세 설계단계를 지원한다.

③ 하위(Lower) CASE 도구는 프로그램 코드의 생성과 데이터베이스 생성 지원한다.

④ 통합 CASE 도구는 테스트 및 이행단계를 지원한다.

9. 4세대 언어와 CASE도구 및 개발방법론에 대한 설명으로 가장 적절한 것은?

① 4세대 언어는 사용자 중심이고, PC 및 대형컴퓨터에서 사용하며, 설계 단계 적용되며, 설계 간소화로 품질을 향상 시킨다.

② CASE도구는 개발자 중심이고, PC 및 워크스테이션에서 사용하며, 개발 단계 적용되며, 개발 간소화로 품질을 향상 시킨다.

③ 방법론은 사용자 및 개발자 중심이고, 플랫폼과 관계 없으며, 개발 전체 단계 적용되며, 개발 표준화로 생산성을 향상 시킨다.

④ 4세대 언어는 프로그램을 작성할 필요 없으나, 배우기 어렵고 사용이 어렵다.

10. 어플리케이션 통제는 어플리케이션에 대한 입력, 처리, 출력 기능 등에 대한 통제로서, 어플리케이션 통제를 통해서 달성하고자 하는 목적으로 거리가 먼 것은 어느 것인가?

① 정확성
② 완전성
③ 가용성
④ 일관성

11. 어플리케이션 통제에서 입력통제에 대한 설명으로 적절하지 않은 것은?

① 사용자 및 고객은 처리의 개시 또는 요청의 주체로서 역할 수행한다.

② 원시문서(Source Document)의 설계는 적발통제에 해당한다.

③ 소유자는 데이터 및 업무의 소유자로, 요청된 거래(처리)에 대해 심사하고 승인 여부를 결정한다.

④ 데이터 통제 그룹은 원시문서(Source Document)를 취합하여 배치 레지스터에 등록하고, 배치 통제 합계(batch control totals)를 계산하는 역할 수행한다.

12. 데이터 통제 그룹이 배치 통제 합계를 계산할 때 원시문서에 미리 기록해둔 일련번호나 거래에 부여된 식별번호와 같은 그 자체로서는 의미가 없는 숫자들의 합을 의미하는 것은 다음 중 어느 것인가?

① 해시합계

② 문서합계

③ 금액합계

④ 항목합계

13. 다음과 같은 원시 문서에 대해서 배치 통제합계 값으로 맞는 것은?

No. 11	No. 12	No.13
A항목 : 5 X @500원 = 2,500원 B항목 : 1 X @100원 = 100원 C항목 : 10 X @50원 = 500원	A항목 : 3 X @500원 = 1,500원 B항목 : 6 X @100원 = 600원 C항목 : 1 X @50원 = 0원	A항목 : 6 X @500원 = 3,000원 B항목 : 1 X @100원 = 100원 C항목 : 10 X @50원 = 500원 D항목 : 10 X @600원= 6,000원

① 문서합계는 4이다.

② 항목합계는 55이다.

③ 금액합계는 14,850원이다.

④ 해시합계는 306이다.

14. 데이터 확인 및 편집과 관련된 설명으로 가장 적절하지 않은 것은 어느 것인가?

① 입력데이터에 대한 확인 및 편집의 궁극적 책임은 사용자에게 있다.

② 입력 데이터는 생성 시점으로부터 가장 가까운 시점과 장소에서 확인되고 편집되도록 하여야 한다.

③ 데이터 확인 및 편집은 어플리케이션 통제에서 입력데이터에 대한 통제이므로 입력통제에도 포함된다.

④ 데이터 확인 및 편집은 예방통제에 해당한다.

15. 데이터 확인 및 편집에서 데이터 무결성 확인 기법 중 데이터의 정확성을 보증 확인하는 기법에6 해당하지 않는 것은 어느 것인가?

① 한도(Limit)체크

② 합리성(Reasonableness)체크

③ 테이블 검색

④ 중복체크

16. 데이터 확인 및 편집에서 데이터 무결성 확인 기법 중 데이터의 완전성을 보증 확인하는 기법에 해당하지 않는 것은 어느 것인가?

① 완전성 체크

② 순서체크

③ 체크디지트

④ 중복체크

17. 데이터 처리과정에서 누적데이터의 정확성과 완전성이 보존되는지를 검증하는 기법으로서 데이터 처리과정의 오류를 탐지하

는데 가장 적절하지 않은 기법은 어느 것인가?

① 수작업 재 계산(Manual Recalculation)

② 실행 간 합계(Run-to-run total)

③ 파일 합계 조정(File Total Reconciliation)

④ 키 검증(Key verification)

18. 어플리케이션 통제에서 출력 통제에 대한 설명으로 적절하지 않은 것은?

① 출력 스풀 파일에 접근하거나 출력 우선순위를 임의로 변경할 수 없도록 하여야한다.

② 오류 발견을 위해, 응용처리 후 생성되는 출력물은 통제 합계와 주기적으로 비교(대조, Balancing)하여야 한다.

③ 출력 보고서는 배포전에 적절한 승인을 받아야 하며, 출력 보고서는 인수인계 일시와 함께 인수 서명을 받은 후 전달하여야 한다.

④ 폐기되는 출력물의 경우 보존 정책의 적용 예외이므로 임의 접근이 불가하도록 통제할 필요까지는 없다.

19. 감사인 홍길동은 주식회사 ABC의 온라인 쇼핑몰에 대한 감사를 실시할 계획이다. 주식회사 ABC의 온라인 쇼핑몰에 대한 어플

리케이션 감사를 위해 감사인 홍길동이 가장 먼저 해야 하는 절차는 어느 것인가?

① 감사 대상 어플리케이션의 목적과 구성 등을 파악한다.
② 감사 대상 어플리케이션의 통제 절차를 파악하고 평가한다.
③ 감사 대상 어플리케이션과 관련한 위험을 분석, 평가한다.
④ 감사 대상 어플리케이션의 보안 기능이 올바로 작동하는지 평가한다.

20. 감사인 홍길동은 주식회사 ABC의 차세대 온라인 쇼핑몰 개발과 관련하여 감사를 실시하고 있다. 감사인 홍길동은 차세대 온라인 쇼핑몰이 자동화된 감사 증적생성과 통제를 위해 EAM과 ITF를 기능에 포함시키고자 한다. 감사인 홍길동은 어느 단계에서 해당 기능을 포함 할 것을 요청하여야 하는가?

① 타당성 분석 단계
② 요구사항 정의 단계
③ 상세 설계 단계
④ 개발 단계

1. 정답 : O

※ 업무 프로세스의 속성

구분	설명
고객 (Customer)	특정 프로세스의 산출물로부터 혜택을 받는 주체
소유자 (Owner)	업무의 시작과 끝을 포함하여 프로세스에 대한 총괄적 책임을 지는 주체
구조 (Structure)	반복적으로 이루어지는 수평적, 수직적 활동의 구성체계를 말함
비전 (Vision)	프로세스가 추구하는 전략적 목표
척도 (Measures)	비즈니스 성과를 측정하기 위한 지표

2. 정답 : X

※ 일반적으로 하나의 프로세스에 대해 복수 개 부서가 관계되고, 하나의 부서는 복수 개 프로세스와 관련됨. 즉 프로세스와 부서는 n대n으로 관계된다.

3. 정답 : 4

※ BPR(Business Process Re-engineering)은 비즈니스 프로세스를 급격하고 대대적으로 재설계하여 생산성을 극적으로 향상 시키는 기법이다. BPR은 Zero-base에서 시작하여 넓은 범위를 대상으로 Top-Dowm방식으로 급진적으로 개선을 진행하며, 위험성이 아주 높으며 변화의 형태는 구조적(근본이 변경)이라 할 수 있다. 이에 비해 일반적 개선은 기존의 프로세스를 대상으로 좁은 범위에 대해 Bottom-Up방식으로 점진적으로 개선하므로, 위험성이 낮으며 문화적(근본 구조의 개선이 아니라 환경 등의 변화) 변화라 할 수 있다.

4. 정답 : 3

※ 개선사항 분석에서 자주 사용하는 기법은 벤치마킹 기법을 사용한다.

5. 정답 : 4

※ BPR은 직무분리 등 전통적인 예방통제를 완화(약화)시키는 위험이 존재한다.

6. 정답 : O

※ 증가하는 위험비용 〉절감되는 통제비용 시, 경영진에 보고한다.

7. 정답 : 2

   ※ CASE도구를 프로젝트 중간에 도입하거나 변경하는 것은 적절
   하지 않다.

8. 정답 : 4

   ※ CASE도구는 CASE도구가 지원하는 단계에 따라, 상위, 중위,
   하위, 통합CASE도구로 분류할 수 있으며, 상위(Upper) CASE
   도구는 계획 기능 및 수명 주기의 분석과 개념 설계 단계를, 중
   위(Middle) CASE 도구는 상세 설계단계를, 하위(Lower) CASE
   도구는 프로그램 코드의 생성과 데이터베이스 생성을, 통합
   CASE 도구는 개발 공정의 모든 단계를 통합적으로 지원한다.

9. 정답 : 3

   ※ 4GL vs Case도구 vs 방법론 비교

4GL	CASE도구	방법론
사용자 중심	개발자 중심	사용자 및 개발자 중심
PC 및 대형컴퓨터	PC 및 워크스테이션	플랫폼과 관계 없음
코딩 단계 적용	전체 단계 적용	전체 단계 적용
개발 간소화로 생산성 향상	개발 자동화로 생산성 향상	개발 표준화로 생산성 향상

※ 4세대 언어 장/단점

장점	단점
프로그램을 작성할 필요 없음 배우기 쉽고 사용이 편리 도입이 간단 정확한 정보 얻을 수 있음 단순, 명백한 인터페이스	경제성, 도입 타당성 등에 대한 검토 미흡 성능 하락의 원인이 되기도함 기존 언어와 인터페이스 시스템 필요 최종 사용자의 인식 부족 데이터 집약적인 연산처리 능력 부족

10. 정답 : 3

※ 어플리케이션 통제를 통해, 데이터의 정확성, 완전성, 타당성, 검증가능성과 일관성을 확보하도록 도와주고 달성하며, 가용성은 어플리케이션 통제를 달성하고자하는 목적과는 거리가 멀다.

11. 정답 : 2

※ 사용자 및 고객이 거래(처리) 데이터를 최초 입력하는 양식을 원시문서(Source Document)라 하고, 원시문서(Source Document)의 설계는 예방통제에 해당한다.

12. 정답 : 1

※ 데이터 통제 그룹은 원시문서(Source Document)를 취합하여 배치 레지스터에 등록하고, 배치 통제 합계(batch control totals)를 계산하는 역할 수행하며, 배치 통제 합계에는 문서합계, 금액합계, 항목합계, 해시합계가 있다. 문서합계는 접수된 원시문서의 전체 개수이며, 항목합계는 각 거래 또는 문서에 포함된 처리 대상 항목의 총 개수이고, 금액합계는 모든 거래를 처리할 경우의 지출 또는 수입되는 금액의 전체 합계이며, 해시합계는 원시문서에 사전 부여한 일련번호(거래 식별 번호)의 합계이다. 배치 통제 합계(batch control totals) 값은 원시 문서에 포함된 데이터가 정확하게 입력, 처리, 출력되는지 검증하는 데 사용된다.

13. 정답 : 3

※	No. 11	No. 12	No.13
	A항목 : 5 X @500원 = 2,500원 B항목 : 1 X @100원 = 100원 C항목 : 10 X @50원 = 500원 합계 : 2,500 + 100 + 500 = 3,100원	A항목 : 3 X @500원 = 1,500원 B항목 : 6 X @100원 = 600원 C항목 : 1 X @50원 = 0원 합계 : 1,500 + 600 + 50 = 2,150원	A항목 : 6 X @500원 = 3,000원 B항목 : 1 X @100원 = 100원 C항목 : 10 X @50원 = 500원 D항목 : 10 X @600원 = 6,000원 합계 : 3,000 + 100 + 500 + 6,000 = 9,600원

```
배치통제합계

1. 문서합계 : 3 (No. 11, 12, 13)

2. 항목합계 : 총53
              (A=5+3+6=14, B=1+6+1=8, C=10+1+10=21, D=10)

3. 금액합계 : 14,850원(= 3,100 + 2,150 + 9,600)

4. 해시합계 : 36(= No. 11 + 12 + 13)
```

14. 정답 : 1

※ 입력데이터에 대한 확인 및 편집의 궁극적 책임은 데이터 소유자에게 있다.

15. 정답 : 4

※ 데이터 정확성 보증 확인 기법에는 한도(Limit)체크, 범위(Range)체크, 합리성(Reasonableness)체크, 논리적 상관관계 체크, 타당성(유효성, validity)체크, 테이블 검색, 체크 디지트(Check Digit)이 있고, 데이터 완전성 보증 확인 기법에는 완전성 체크, 중복체크, 순서체크가 있다. 존재성 체크는 정확성 보증과 완전성 보증의 중간적 성격을 가진다.

16. 정답 : 3

※	데이터 완전성 보증 확인 기법	데이터 정확성 보증 확인 기법
	완전성 체크, 중복체크, 순서체크	한도(Limit)체크 범위(Range)체크 합리성(Reasonableness)체크 논리적 상관관계 체크 타당성(유효성, validity)체크 테이블 검색 체크 디지트(Check Digit)
	존재성 체크	

17. 정답 : 4

※ 데이터 처리과정에서 누적데이터의 정확성과 완전성이 보존되는지를 검증하는 데이터 처리통제 기법으로는, 수작업 재계산(Manual Recalculation), 편집(Editing), 실행 간 합계(Run-to-run total), 프로그램 통제(Program Control), 계산된 값에 대한 합리성 검증, 계산된 값의 한도 검사, 파일 합계 조정(File Total Reconciliation), 예외 보고서(Exception Report)가 존재한다. 키 검증(Key verification)은 원시문서의 데이터 변환을 검증하는 등의 데이터 무결성을 검증하는 기법이다.

18. 정답 : 4

※ 폐기되는 출력물의 경우도 임의 접근이 불가하도록 통제하여
  야 한다.

19. 정답 : 1

※ 어플리케이션 감사와 관련하여 일반적인 절차는 계획 수립 →
  통제 평가(통제 존재여부 파악) → 통제테스트(준거성테스트) → 입증
  테스트(실증테스트)의 순서로 이루어진다. 관련하여 감사인이 가
  장 먼저하여야할 것은, 감사 계획 수립을 위해 대상 어플리케
  이션의 목적과 구성 등을 파악하고 위험분석/평가를 수행하
  고 이를 바탕으로 감사 계획을 수립한다. 감사 계획이 수립되
  면 어플리케이션에 대한 통제 평가를 하고, 통제 평가 후 통제
  테스트, 입증 테스트 순서로 진행한다. 문제의 예에서, 어플리
  케이션에 대한 목적과 구성을 파악하고 관련 위험을 분석/평
  가하는 것은 계획 수립과 관련된 활동이며, 어플리케이션 통제
  절차 파악 및 보안 기능 동작 확인/평가는 통제식별 절차와 관
  련된 활동이다. 따라서 가장 먼저 수행하여야 할 행동은 감사
  계획 수립에서 감사 대상 어플리케이션의 목적과 구성 등을 파
  악하는 것이다.

20. 정답 : 2

　※ 감사인이 EAM(내장감사 모듈)과 ITF(통합 테스트 설비)를 신규로 개
　　발하는 시스템에 포함하기를 원한다면, 요구사항 분석 및 정의
　　단계에서 요구하여야 해당 기능이 다른 업무 기능과 적절히 조
　　화되어 설계 및 개발이 될 수 있다.

▣ 업무 프로세스 재설계 및 어플리케이션 통제 보충학습 자료 ▣

앞의 수준확인 문제의 정답 수를 기준으로 보충학습자료의 내용을 다음과 같이 학습할 것을 권고한다.

정답 수	학습 가이드
16문제 이상	아래 보충학습 자료 내의 이론 설명 내용을 빠르게 읽으며 주요 개념 환기한다.
10~15문제	아래 보충학습 자료 내의 이론 설명 내용을 자신의 스타일로 요약정리하며 학습 권고한다.
9문제 이하	이론 설명 내용을 최초 2~3회 이상 정독하여야 하며, 필요한 경우 본 책에서 설명된 주요 개념 등에 대해 추가적인 상세 자료를 통해 꼼꼼하게 학습하기를 권고한다.

1. 업무 프로세스 재설계

1) 업무프로세스(Business Process)란, 특정 투입물에 가치를 더하여 특정 산출물을 생산하는 일련의 상호 연관성 있는 작업 활동들의 집합을 말한다.

2) 업무 프로세스 재설계(BPR, Business Process Re-engineering)는 비즈니스 프로세스를 급격하고 대대적으로 재설계하여 생산성을 극적으로 향상 시키는 기법임

- 비즈니스 프로세스를 체계적으로 분할한 후 각 단위 프로세스의 가치를 계산하여 가치가 없거나 낮은 프로젝트는 삭제하거나 통합을 한다.

- 이런 과정에서 직무 분리 등의 예방 통제가 완화(약화)되는 위험이 존재한다.

3) 업무 프로세스 재설계 절차는 As-Is Model 분석 → 개선사항 분석 → To-Be Model 수립 → 이행계획 수립으로 진행한다.

4) 벤치마킹(benchmarking)은 동종 또는 이종 업계의 선두 업체와

조직의 실무를 체계적으로 비교하여 성과 개선 방안을 도출하는 기법으로 BPR프로젝트에서 개선사항 분석단계에서 가장 많이 사용하는 기법이다.

5) 감사인은 BPR로 인해 사라지거나 완화된 통제의 영향을 평가해, BPR로 인해 사라지거나 완화된 통제에 따른 위험 비용이 BPR로 인해 절약되는 통제구현 비용보다 크다면, 경영진에 보고하여 위험 감수여부를 결정해야 한다.

6) CASE(Computer Aided Software Engineering)도구는 SW개발 전 과정 또는 일부 과정에서 산출물의 품질과 생산성 향상을 위한 자동화 도구로, 작업 성과를 향상시키기 위해서는 개발자들이 CASE도구 사용에 익숙해져야 하므로, CASE도구를 프로젝트 중간에 도입하거나 변경하는 것은 적절하지 않다.

7) CASE도구는 CASE도구가 지원하는 단계에 따라, 상위, 중위, 하위, 통합CASE도구로 분류할 수 있으며, 상위(Upper) CASE 도구는 계획 기능 및 수명 주기의 분석과 개념 설계 단계를, 중위(Middle) CASE 도구는 상세 설계단계를, 하위(Lower) CASE 도구는 프로그램 코드의 생성과 데이터베이스 생성을, 통합 CASE 도구는 개발 공정의 모든 단계를 통합적으로 지원한다.

8) 4세대 언어는 전문 프로그래머가 아닌 일반인도 사용이 쉽고 빠르게 프로그래밍 할 수 있는 프로그래밍 언어로, 질의어와 보고서 생성기, DBMS에 내장된 4GL, DBMS와 관련된 4GL, 응용프로그램 생성기로 구분된다.

9) 4GL vs Case도구 vs 방법론 비교

4GL	CASE도구	방법론
사용자 중심	개발자 중심	사용자 및 개발자 중심
PC 및 대형컴퓨터	PC 및 워크스테이션	플랫폼과 관계 없음
코딩 단계 적용	전체 단계 적용	전체 단계 적용
개발 간소화로 생산성 향상	개발 자동화로 생산성 향상	개발 표준화로 생산성 향상

2. 어플리케이션 통제

1) 어플리케이션 통제는 어플리케이션의 입력, 처리, 출력 기능에 대한 통제로서, 데이터의 정확성, 완전성, 타당성, 검증가능성과 일관성을 확보하도록 도와주고 달성한다.

2) 입력통제에서 사용자 및 고객은 처리의 개시 또는 요청의 주체로서 거래(처리) 데이터의 무결성을 일차적으로 확인(Validation)할 책임 있으며, 사용자 및 고객이 거래(처리) 데이터를 최초 입력하는 양식을 원시문서(Source Document)라 하며, 원시문서(Source Document)의 설계는 예방통제에 해당한다.

3) 입력통제에서 소유자는 데이터 및 업무의 소유자로, 요청된 거래(처리)에 대해 심사하고 승인 여부를 결정하며, 배치처리의 경우 사용자 부서에서 작성한 원시문서(Source Document)에 서명을 받을 수도 있다.

4) 입력통제에서 데이터 통제 그룹은 입출력 통제 그룹이라고도 하며, 원시문서(Source Document)를 취합하여 배치 레지스터에 등록하고, 배치 통제 합계(batch control totals)를 계산하는 역할 수행하며, 배치 통제 합계는 문서합계, 항목합계, 금액합계, 해시합계로 구분된다.

구분	설명
문서 합계	• 접수된 원시문서의 전체 개수로 거래합계라고도 함 • 처리되어야 할 승인받은 문서(레코드)의 총 건수

구분	설명
항목 합계	• 각 거래 또는 문서에 포함된 처리 대상 항목의 총 개수 • 각 문서(레코드)에 포함된 처리 항목들의 총 개수
금액 합계	• 모든 거래를 처리할 경우의 지출 또는 수입되는 금액의 전 체 합계 • 승인받은 문서(레코드)들의 거래 금액들의 전체 합계
해시 (Hash) 합계	• 원시문서에 사전 부여한 일련번호(거래 식별 번호)의 합계 • 문서(레코드)의 일련번호같은 문서(레코드) 식별자의 합계

5) 입력통제에서 데이터 입력은 원시문서(Source Document)의 데이터를 컴퓨터 처리에 맞도록 데이터 형태로 변환(conversion) 및 준비(preparation)를 한다.

6) 데이터 확인 및 편집에서 입력데이터에 대한 확인 및 편집의 궁극적 책임은 데이터 소유자에게 있으며, 데이터 확인 및 편집은 예방통제에 해당하며, 데이터 확인 및 편집에서 무결성 체크 기법은 입력 값의 허용 범위에 근거한 기법(순서(Sequence)체크, 한도(Limit)체크, 범위(Range)체크), 합리적 조건에 근거한 기법(합리성(Reasonableness)체크, 논리적 상관관계 체크), 사전 제시한 값에서 선택하게 하는 기법(타당성, 유효성(validity)체크, 테이

블 검색, 존재성 체크), 입력 값의 형식 및 입력 회수를 제한하는 기법(체크 디지트(Check Digit), 완전성 체크, 중복체크)이 존재한다.

● 무결성 체크 기법 특성 분류

데이터 완전성 보증 확인 기법	데이터 정확성 보증 확인 기법
완전성 체크, 중복체크, 순서체크	한도(Limit)체크 범위(Range)체크 합리성(Reasonableness)체크 논리적 상관관계 체크 타당성(유효성, validity)체크 테이블 검색 체크 디지트(Check Digit)
존재성 체크	

7) 데이터 처리통제는 처리 과정에서 누적데이터의 정확성과 완전성이 보존되는지를 검증하며, 입력 값이 아니라 중간 처리 값을 대상으로 한다.

● 데이터 처리통제 기법으로는, 수작업 재 계산(Manual Recalculation), 편집(Editing), 실행 간 합계(Run-to-run total), 프로그램 통제(Program Control), 계산된 값에 대한 합리성 검증, 계산된 값

의 한도 검사, 파일 합계 조정(File Total Reconciliation), 예외 보고서(Exception Report)가 존재한다.

8) 데이터 파일 통제기법으로는 사전 사후 이미지 보고, 오류 보고의 유지 및 처리, 원시 문서 보관, 내/외부 라벨 부착, 일대일 체크, 사전 기록 입력, 트랜젝션 로그(거래일지, Transaction Log), 파일 갱신 및 유지보수 승인, 패러티 체크가 존재한다.

● 데이터 파일 통제의 기법 중, 사전사후 이미지, 일대일체크, 트랜잭션체크, 패러티체크는 실시간 통제 수단이다.

9) 출력 통제에서 물리적 접근 통제는 출력 스풀 파일에 접근하거나 출력 우선순위를 임의로 변경할 수 없도록 하여야 하며, 양식이나 서명 등도 안전한 장소에 보관하여야 한다.

10) 출력 통제에서 오류의 발견과 수정은 오류 발견을 위해, 응용처리 후 생성되는 출력물은 통제 합계와 주기적으로 비교(대조, Balancing)하여야 한다.

11) 출력 통제에서 출력물 배포는 배포전 승인과, 인수인계시 기록을 남겨 출력보고서 관리와 관련된 책임추적성이 확립해야

한다.

12) 출력 통제에서 보존 및 폐기는 출력물은 법규를 반영하여 보존 정책을 수립하고 이에 따라 일정기간 보관하여야 한다.

3. 어플리케이션 통제의 감사

1) 어플리케이션 통제에 대한 감사는 일반적인 감사 절차인, 계획 수립 → 통제 평가(통제 존재여부 파악) → 통제테스트(준거성테스트) → 입증테스트(실증테스트) → 보고 및 후속조치에 따라 수행된다.

2) 어플리케이션 계획수립 단계에서는 어플리케이션의 구성을 파악하고, 어플리케이션과 관련된 위험 평가를 수행한 후, 이를 바탕으로 감사인력을 구성하고 필요한 기법을 선택하여야 한다.

3) 어플리케이션에 대한 통제 식별 및 평가 단계에서는 어플리케이션 통제 기능 등에 대해서 파악하고 정상작동 여부를 확인하여야 하며, 어플리케이션 통제가 크게 부족하다면, 통제테스트

(준거성테스트)는 생략하고, 입증테스트(실증테스트)를 통해 데이터 무결성에 대한 테스트에 집중하여야 함. 또한, 어플리케이션 통제의 설계가 부족하며, 더 많은 처리에 대해서 테스트를 하여 통제에 대해 식별하고 평가하여야 한다.

4) 어플리케이션에 대한 통제 테스트 수행 단계에서는 전체 통제 위반율 추정하며, 전체 통제 위반율이 높을수록 입증테스트(실증테스트)를 통한 데이터 무결성 테스트의 범위와 정도가 커진다.

5) 어플리케이션에 대한 입증 테스트 수행 단계에서는 어플리케이션에 대한 통제 식별단계에서 어플리케이션 통제가 크게 부족하다고 판단했거나, 어플리케이션에 대한 통제 테스트에서 전체 통제 위반율이 높을수록 경우, 데이터 무결성 테스트를 수행한다.

6) 일반적인 시스템 개발, 구입 및 유지보수에서 감사는 먼저 프로젝트 관리에서는 프로젝트 기획, 승인 및 착수, 실행 및 통제, 종료의 영역에서 절차와 기준을 준수하는지 감사하여야 한다.

7) 타당성 검토 관련 감사는 비용 편익 계산 관련 기법(프로젝트 평가 기법)에 대한 논리성과 합리성 여부 등을 확인하여야 한다.

8) 요구사항 정의 관련 감사에서는 기능요구사항 외에 보안 및 통제 등과 관련된 요구사항(예: EAM(내장감사모듈), ITF(통합테스트 설비) 등)의 분석 여부 등을 확인하여야 한다.

9) 상세 설계 관련 감사에서는 테스트계획, 이관, 사용자 교육 계획 등의 수립여부를 확인하여야 한다.

10) 개발, 프로그래밍 관련 감사는 보안요구사항에 대한 준수 여부에 대한 보안담당자에 의한 검토 여부를 확인한다.

11) 테스트 관련 감사는 중요 변경이나 조치 이후, 동일 조건으로 재 테스트 수행 여부를 확인한다.

12) 구현 관련 감사는 이관 시, 업무 중단이나 차질 발생 시 대응 방안 수립 여부를 확인한다.

13) 사후 검토 관련 감사는 시스템 안정화를 위한 충분한 시간 확보 여부를 확인한다.

시스템의 운영 및 유지보수 　제4장

본 장은 CISA의 영역을 기준으로
"정보시스템의 운영, 유지보수 및 서비스 관리"에 해당하는 내용으로
아래와 같은 내용을 담고 있다.

- ▶ 정보시스템 운영과 하드웨어
- ▶ 정보시스템 아키텍처 및 소프트웨어
- ▶ 네트워크
- ▶ 인프라 운영 및 감사
- ▶ 재해복구 계획

제1절 정보시스템의 운영

1. 다음 중 IT서비스 관리와 관련된 설명으로 가장 적절하지 않은 것은?

   ① ITSM은 비즈니스 요구를 충족시키기 위한 IT관리 및 구현, IT 서비스(인력, 프로세스 및 정보기술)에 대한 관리를 말한다.

   ② 대표적인 ITSM 프레임워크는 ITIL(Information Technology Infrastructure Library, IT인프라스터럭처 라이브러리)와 ISO20000-1:2011이 있다.

   ③ IT지원 서비스에 해당하는 활동으로는 서비스데스크, 변경관리, 릴리스관리, IT 서비스 연속성 관리 등이 있다.

   ④ ISO20000은 IT서비스 제공에 대한 바람직한 실무로 인정된 컴플라이언스로서, 해당 조직이 IT서비스 관리 절차와 실무를 갖춘 조직임을 증명하는 것이 목적이다.

2. 서비스 제공자와 사용자 사이의 제공되어야 할 서비스를 구체적으로 명시한 것으로, 객관적이고 명확한 평가기준을 확립하여 서비스 수준을 통제하는 데 중요한 역할을 하는 통제 수단은 어느 것인가?

① 비밀 유지 협약서
② 서비스 수준 협약서
③ 제품 라이센스
④ 품질 보증서

3. 서비스 효율성 및 효과성 모니터링 도구에 대한 설명을 적절하지 않은 것은?

① 예외 보고서(Exception Report)는 응용프로그램의 비정상적인 종료나 오작동 사례를 식별하여, 응용프로그램의 개발 및 운영상의 개선점을 발견하는데 기여 한다.
② 시스템 및 응용 로그는 시스템 및 응용프로그램이 동작 중에 생성하는 다양한 로그로서, 이에 대한 검토를 통해 관련된 문제점을 식별할 수 있다.
③ 운영자 문제점 보고서는 운영자가 운영과 관련된 문제점과 그에 대한 해결책을 수작업으로 기술하고, 관리자 이를 주기적으로 검토하여 운영자의 대응이 적절한지 등에 대해서 판단하여

운영자 교육 등에 대한 필요성을 판단할 수 있다.

④ 운영자 작업 일정은 IT조직과 고객과의 계약에 따라 제공되어 야 할 서비스 일정을 구체적으로 명시하는 것이다.

4. 인프라 운영을 위한 기법 중 작업스케줄링 소프트웨어(JSS)에 대한 설명으로 적절하지 않은 것은

① 작업의 정보를 스케줄링하여 순서대로 처리하도록 하는 SW이다.

② 작업의 정보를 미리 준비하므로 오류의 가능성 감소시킨다.

③ 운영자들에 대한 의존도를 감소시킨다.

④ 처리 중 오류 발생하여도 최종 결과에 대한 신뢰성을 확보할 수 있게 한다.

5. 사고(Incident) 관리는 IT서비스 중단에 따른 부정적 영향을 제거 하거나 감소시킴으로써 서비스의 연속성을 증가시키는 것이 목 표이고, 문제점관리는 현안을 근본적으로 해결하는 것이 목표 즉, Incident의 수를 감소시키는 것이 목표이다. (O, X)

6. 패치관리(Patch Management)는 패치 전후에 적절히 테스트하고 문 서화하는 등의 관리가 필요하며, 릴리즈관리(Release Management) 는 실패 시 복원 계획(roll back)이 필요하다. (O, X)

7. 데이터는 데이터 생명주기 상에서 데이터에 대한 품질이 확보될 수 있도록 관리하여야 하며, 데이터 품질을 유지할 책임은 궁극적으로 데이터 사용자에게 있다. (O, X)

8. 중앙처리장치(CPU, Central Processing Unit)에 대한 설명으로 적절하지 않은 것은?

① 컴퓨터 시스템을 통제하고 프로그램의 연산을 실행하는 가장 핵심적인 컴퓨터의 제어 장치, 혹은 그 기능을 내장한 칩을 말한다.

② 컴퓨터의 CPU구성형태는 크게 마이크로프로세스(하나의 칩에 하나의 CPU), 멀티프로세스(복수의 CPU), 멀티코어프로세스(하나의 칩에 다수의 CPU)로 구분가능하다.

③ 사칙연산, 논리연산(AND, OR, XOR, True, False) 등을 수행하는 장치를 산술연산장치(ALU)라 한다.

④ 레지스터는 중앙처리장치(CPU)에서 CPU 내부에서 동작하는 작업을 관리하고, 작업 순서 및 타이밍 등을 제어하는 장치이다.

9. 하드웨어 처리방식에 대한 설명으로 적절하지 않은 것은?

① 다중 태스킹 (Multi-tasking)은 복수 개의 프로그램을 동시에 수행하는 것을 말하며, 논리적인 개념에서 동시 수행을 의미한다.

② 다중 프로그래밍(Multi-programming)은 여러 가지 작업을 동시 수행한다는 의미에서는 Multi-tasking과 유사의미이나, Multi-tasking과 차이는 정해진 시간단위만큼 씩 다른 작업 수행하는 것이다.

③ 다중 프로세싱(Multi-processing)은 복수개의 프로세스가 하나의 프로그램을 동시 수행(병렬처리)하는 것을 말하며, 물리적으로 동시 수행을 의미한다.

④ 다중 쓰레드(Multi-threading)는 단일 프로세스 내 다수의 작업(쓰레드 : 프로세스 내 생성되는 실행 주체)들이 동시에 수행하는 것이다.

10. 감사인 홍길동은 주식회사 ABC의 제품 관리 현황을 감사하고 있다. 주식회사 ABC는 제품의 관리 편리성을 위해 제품에 RFID태그를 부착하여 관리하고 있다. 이와 관련하여 다음 중 주식회사 ABC에서 발생 가능한 위험 중 가장 심각한 위험은 어느 것인가?

① 프라이버시 문제

② 제품 정보의 조작

③ 경쟁업체의 정보 오용

④ 태그 자체 파괴

11. 감사인 홍길동은 주식회사 ABC가 신규로 구입하고자하는 서버에 대한 제안 평가 과정의 적절성을 확인한 결과, 제안 평가를 총 2회에 걸쳐 진행하였고 1차에서 제안서 선별 조건을 통해 기준에 맞지 않는 제안서를 탈락 시킨 후, 2차에서 남은 제품을 대상으로 세부 평가를 진행하였다. 그런데, 1차 평가의 제안서 선별 조건을 확인한 결과, 조건이 지나치게 세부적이며 많다는 것을 확인할 수 있었다. 이와 같이 제품 선정을 위한 조건이 지나치게 세부적이며 많은 경우 발생할 수 있는 문제점으로 가장 적절한 것은?

① 필요이상의 고가 제품을 구입할 수 있다.

② 필요한 수량보다 더 많은 제품을 구입할 수 있다.

③ 제품이 가지는 고유한 위험을 간과할 수 있다.

④ 제품 선택의 폭이 필요이상으로 제한될 수 있다.

12. 감사인 홍길동은 주식회사 ABC의 가용성 보고서를 검토하는 중 핵심 웹 서버의 정지시간(Down Time)에 의문점을 발견했다. 핵심 웹 서버의 정지시간(Down Time)이 과도하게 긴 것을 알게 되었으며, 이와 관련한 원인으로 가장 적절하지 않은 것은?

① 예방정비의 부족

② 운영자에 대한 교육 부족

③ 웹 서버에 대한 접근통제 미흡

④ 전원 공급장치 용량 부족

13. 하드웨어 유지보수의 목적과 시점에 따라 분류하였을 때, 목적에 따른 분류와 시점에 따른 분류의 관계로 적절하지 않은 것은?

① 하자보수 - 응급 유지보수

② 예방보수 - 예방 유지보수

③ 적응보수 - 설치 유지보수

④ 개선보수 - 계획 유지보수

14. 클라이언트 서버환경에서의 미들웨어에 대한 설명으로 가장 적절하지 않은 것은?

① 거래처리 모니터는 DB거래의 처리, 감시 및 부하 분산을 수행한다.

② 클라이언트의 프로그램을 서버에서 실행할 수 있도록 하는 것은 RPC이다.

③ 분산환경에서 비즈니스 객체의 공유 및 재사용을 할 수 있게 하는 것은 ORB이다.

④ 전용 서버를 사용하여 비동기적으로 메시지의 우선순위를 부여하고, 대기 행렬을 관리하며 처리하는 것은 CORBA이다.

15. 클라우드 컴퓨팅과 관련된 설명으로 가장 적절하지 않은 것은?

① 사용자들이 인터넷을 통해 데이터, 응용프로그램, 하드웨어 등을 사용할 수 있게 해주는 IT서비스 제공 모델이다.

② 클라우드 서버에 저장된 데이터의 기밀성과 서비스 유지보수 등이 용이하다.

③ 서비스 제공 모델은 크게 IaaS, PaaS, SaaS로 나눌수 있다.

④ 서비스 제공 모델 중 제공업체의 자원에 가장 많이 의존하는 것은 SaaS모델이다.

16. 시스템 접근 통제와 관련된 설명으로 가장 적절하지 않은 것은?

① 접근통제 소프트웨어(ACS)는 컴퓨터의 자원에 대한 접근을 통제하고 접근로그를 관리하여 시스템의 보안성 확보를 하도록 하는 SW를 말한다.

② MAC(강제적 접근통제)는 정보시스템 내에서 어떤 주체가 어떤 객체에 접근하려 할 때 양자의 보안레이블 정보에 기초하여 접근통제하는 방법이다.

③ DAC(임의적 접근통제)는 시스템 객체에 대한 접근을 사용자 개인 또는 그룹의 식별자를 기반으로 제한하는 방법으로 관리자만이 객체과 자원들에 대한 권한을 할당한다.

④ RBAC(역할기반 접근통제)은 자원에 대한 접근은 사용자에게 할

당된 역할에 기반한 접근통제 방식으로 비임의적 접근제어 (Non-DAC)방식이다.

17. 주식회사 ABC는 최근 내부 감사를 통해 일부 직원들이 화면 설계 도구를 라이센스 없이 사용하고 있는 것을 알고, 해당 프로그램을 즉시 삭제하도록 조치하였다. 이후 유사한 사건이 재발하지 않도록 하기 위해 주식회사 ABC가 가장 먼저하여야 할 일은 어느 것인가?

① 유사 위반 사례에 대해 전사적으로 조사를 실시한다.

② 위반 직원에 대해서 처벌한다.

③ 지적 재산권 위반 금지 규정에 대한 동의서를 받는다.

④ 지적 재산권 보호를 위한 정책을 수립하고 교육을 실시한다.

18. 데이터 베이스(DB, Database) 및 데이터베이스 관리시스템(DBMS)에 대한 설명으로 가장 적절하지 않은 것은?

① 데이터 베이스(DB)에서 특정 레코드를 고유하게 식별할 때 사용하는 속성을 Key라고 한다.

② 1차 키만으로 레코드를 고유하게 식별하지 못할 경우, 이를 보조하기 위한 키를 Foreign Key라고 한다.

③ 참조 무결성은 특정 레코드의 1차 키와 이 키를 외래 키로 사

용하는 레코드 사이의 일관성을 말한다.

④ DB를 정의할 때 요구되는 데이터 요소들을 메타데이터(meta-data)라 하며, 메타데이터로 표현한 DB구조를 스키마라 한다.

1. 정답 : 3

※ IT서비스관리(일명, ITSM)는 비즈니스 요구를 충족시키기 위한 IT관리 및 구현, IT서비스(인력, 프로세스 및 정보기술)에 대한 관리를 말하며, 대표적인 ITSM 프레임워크는 ITIL(Information Technology Infrastructure Library, IT인프라스터럭처 라이브러리)와 ISO20000-1:2011이 있다.

- ITIL은 IT서비스 제공에 대한 바람직한 실무(Best Practice)에 대한 지식체계로서 비즈니스 서비스 질의 향상이 목적이며, ISO20000은 IT서비스 제공에 대한 바람직한 실무로 인정된 컴플라이언스로서, 해당 조직이 IT서비스 관리 절차와 실무를 갖춘 조직임을 증명하는 것이 목적이다.

- IT서비스관리는 크게 IT지원(Support) 서비스와 IT제공(Delivery) 서비스로 구분되며, IT지원서비스의 활동으로는 서비스데스크, 인시던트(사건, 이슈)관리, 문제관리, 구성관리, 변경관리, 릴리스관리 등이 있으며, IT제공서비스의 활동으로는 서비스수준계약(SLA)관리, IT재무관리, 시스템 용량관리, IT 서비스 연속성 관리, 가용성 관리 등이 있다.

2. 정답 : 2

   ※ 서비스 수준협약서(Service Level Agreement, SLA)는 IT조직과 고객과의 계약으로, 제공되어야 할 서비스를 구체적으로 명시하는 것으로 계약기간 중 서비스를 평가하고 조정하기 위한 표준으로 사용된다. 따라서 서비스 수준 협약서는 객관적이고 명확한 평가기준을 확립하여 서비스 수준을 통제하는 데 중요한 역할을 하는 통제 수단이다.

3. 정답 : 4

   ※ 운영자 작업 일정은 정보시스템 관리자가 인적 자원에 대한 효율적 관리의 차원으로 작성하는 문서이다.

4. 정답 : 4

   ※ 작업스케줄링 소프트웨어(JSS)는 처리 중 오류 발생 시, 최종 결과에 대한 신뢰성이 낮아진다.

5. 정답 : O

6. 정답 : O

7. 정답 : X

※ 데이터 품질을 유지할 책임은 궁극적으로 데이터 소유자에게
있다.

8. 정답 : 4

※ 레지스터는 산술연산장치와 연결되어 사용되는 기억장치이다.
CPU 내부에서 동작하는 작업을 관리하고, 작업 순서 및 타이
밍 등을 제어하는 장치는 제어장치이다.

9. 정답 : 2

※ 다중 프로그래밍(Multi-programming)은 Multi-tasking과 다르게
대기시간동안 다른 작업 수행한다. Multi-tasking은 정해진 시
간단위만큼 씩 다른 작업 수행한다.

10. 정답 : 3

※ RFID태그는 전파를 방출하여 태그를 부착한 사물을 식별하
는 장치로, 승인받지 않은 추적이 가능하므로 도청의 문제, 태
그 내 개인정보 포함 시 프라이버시 문제, 경쟁사의 오용 등 다
수의 위험을 내포하고 있다. 그런데 현재 상황에서 단순한 제품
관리를 위해 사용하고 있으므로 태그 자체에 개인정보가 포함

되어 있지 않아 프라이버시 가능성은 낮으며, 제품 정보의 조작도 가능은 하나 위험도는 낮다. 또한 태그 자체 파괴는 정보의 노출 등을 방지하기 위한 통제 대책이므로 위험은 아니다. 따라서, 답은 경쟁업체에 의한 정보의 도청 또는 정보의 오용이 가장 큰 위험이라 할 수 있다.

11. 정답 : 4

※ 제안 평가 시 평가는 여러 차례로 나누어 실시할 수 있으며, 문제에서와 같이 1차에서 기본요건 미충족 업체 탈락 시킨 후, 2차에서 성능 등에 대한 평가 실시할 수 도 있다. 이러한 방식은 특정 조건을 갖추지 못한 부적합 제품을 신속하게 제거할 수 있는 장점이 있어 너무 많은 종류의 제품을 두고 선택해야 하는 어려움을 해결할 수 있다. 그러나, 이때 선별 조건이 지나치게 까다로운 경우 너무 많은 제품이 탈락되어 실제 선택을 위한 선택의 폭이 제한될 수 있는 문제가 발생할 수 있다.

12. 정답 : 3

※ Down Time(정지시간)은 시스템 사용 불가 상태 즉 중단된 시간을 의미한다. 이러한 시스템의 중단이 증가하는 주요 원인은 부적절한 하드웨어 운영환경(전원장치, 온도, 습도 등), 예방정비 등 미

흡한 유지보수, 관련 운영자에 대한 교육 부족 등으로 발생한다.

13. 정답 : 3

※ 적응 보수(Adaptive Maintenance)는 지연 유지보수에 해당한다.

14. 정답 : 4

※ 클라이언트 서버환경에서 미들웨어(Middleware)는 클라이언트-
서버환경에서 Front-End의 사용자 인터페이스와 Back-End
의 서버를 연결하는 장비(SW)를 말하며, 기종이 서로 다른 서버
및 클라이언트 사이의 중재 역할 수행한다.
TP Monitor(거래처리모니터)는 DB거래의 처리, 감시 및 부하 분
산을 수행하며, RPC(원격 절차 호출)은 클라이언트의 프로그램을
서버에서 실행할 수 있도록 한다. ORB(객체 요청 브로커)는 분산
환경에서 비즈니스 객체의 공유 및 재사용을 할 수 있게 하며
CORBA, COM/DCOM 등이 대표적인 ORB이다. 전용 서버를
사용하여 비동기적으로 메시지의 우선순위를 부여하고, 대기
행렬을 관리하며 처리하는 것은 메세징 서버이다.

15. 정답 : 2

※ 클라우드 컴퓨팅이란, 사용자들이 인터넷을 통해 데이터, 응용

프로그램, 하드웨어 등을 사용할 수 있게 해주는 IT서비스 제공 모델로서, 자원의 공유 및 접근성을 극대화해주는 장점이 있으나, 클라우드 서버에 저장된 데이터의 기밀성과 서비스 유지보수 등에 대한 문제가 발생할 수 있는 단점이 있다.

● 클라우드는 서비스 제공 모델에 따라 IaaS (Infrastructure as a Service), PaaS(Platform as a Service), SaaS(Software as a Service)로 구분가능하며, SaaS는 벤더가 모든 요소를 제공하고, 고객은 접속기기 또는 브라우저만 있으면 이용가능하므로, 제공업체의 자원에 가장 많이 의존하게 된다.

16. 정답 : 3

※ 접근통제 소프트웨어(ACS)는 컴퓨터의 자원에 대한 접근을 통제하고 접근로그를 관리하여 시스템의 보안성 확보를 하도록 하는 SW를 말하며, 접근통제 관련 정책은 MAC(강제적 접근통제), DAC(임의적 접근통제), RBAC(역할기반 접근통제)로 구분가능하다.

● MAC(강제적 접근통제)은 정보시스템 내에서 어떤 주체가 어떤 객체에 접근하려 할 때 양자의 보안레이블 정보에 기초하여 접근통제하는 방법으로 사용자들은 자원에 대한 권한을 관리자로 부터 부여 받는 방식으로 관리자만이 객체과 자원들에 대한 권한을 할당한다.

- DAC(임의적 접근통제)은 시스템 객체에 대한 접근을 사용자 개인 또는 그룹의 식별자를 기반으로 제한하는 방법으로 객체의 소유자가 다른 사용자나 그룹에 권한을 부여할 수 있다.
- RBAC(역할기반 접근통제)은 자원에 대한 접근은 사용자에게 할당된 역할에 기반한 접근통제 방식으로, 비임의적 접근제어(Non-DAC)이다.

17. 정답 : 4

※ SW라이센스 위반을 예방하기 위한 첫 번째 대책은 지적 재산권 보호를 위한 정책을 수립하고 교육을 실시하는 것이다. 이후 지적 재산권 위반 금지 규정에 대한 동의서를 받고, 위반 행위에 대한 감시를 실시하여야 한다. 또한, 의도적이거나 반복적인 위반 사례가 발생하는 경우 관련자를 처벌하는 것도 필요할 수 있다.

18. 정답 : 2

※ 데이터 베이스(DB, Database)는 데이터 항목들의 중복을 최소화하면서 통합한 집합체를 말하며, DB는 레코드의 집합이다. DB에서 특정 레코드를 고유하게 식별할 때 사용하는 속성을 Key라고 하며, 1차 키(Primary Key, 주키)는 레코드 식별에 주로 또는

가장 먼저 사용되는 키를 말하며, 2차 키(Secondary Key)는 1차 키만으로 레코드를 고유하게 식별하지 못할 경우, 이를 보조하기 위한 키를 말한다. 외래 키(Foreign Key)는 특정 레코드의 키로 사용되는 다른 레코드의 키를 말한다.

● 참조 무결성은 특정 레코드의 1차 키와 이 키를 외래 키로 사용하는 레코드 사이의 일관성을 말하며, DB를 정의할 때 요구되는 데이터 요소들을 메타데이터(meta-data)라 하며, 메타데이터로 표현한 DB구조를 스키마라 한다. 스키마는 외부스키마, 내부스키마, 개념스키마로 구분한다.

앞의 수준확인 문제의 정답 수를 기준으로 보충학습자료의 내용을 다음과 같이 학습할 것을 권고한다.

정답 수	학습 가이드
15문제 이상	아래 보충학습 자료 내의 이론 설명 내용을 빠르게 읽으며 주요 개념 환기한다.
9~14문제	아래 보충학습 자료 내의 이론 설명 내용을 자신의 스타일로 요약정리하며 학습 권고한다.
8문제 이하	이론 설명 내용을 최초 2~3회 이상 정독하여야 하며, 필요한 경우 본 책에서 설명된 주요 개념 등에 대해 추가적인 상세 자료를 통해 꼼꼼하게 학습하기를 권고한다.

1. 정보시스템 운영

1) 일반적인 정보시스템 운영기능은 조직의 컴퓨터와 정보시스템 환경에 대해 지속적인 지원을 담당하는 것을 말한다.

2) ISACA에서 제정한 IT거버넌스, 관리, 통제 및 감사를 위한 모형인 Cobit 5.0에서 정보시스템 운영 및 관리에 대한 기능을 포함하고 있으며, Cobit 5에서는 거버넌스 영역과 IT관리를 명확하게 구분하고 있다.

● Cobit 5 주요 프로세스는 다음과 같다.

① EDM(Evaluate, Direct, Monitoring)
  ● 평가, 지휘, 모니터링으로, 거버넌스 프레임워크 설정 및 유지관리, 효과제공, 위험 최적화, 자원 최적화 등을 위한 프로세스

② APO(Align, Plan, Organize)
  ● 정렬, 계획, 조직으로, 전략관리, 혁신관리, 포트폴리오 관리, 인적자원 관리, 품질관리, 보안관리 등을 위한 프로세스

③ BAI(Build, Acquire, Implement)

- 구축, 도입, 구현으로, 프로그램/프로젝트 관리, 요구사항 관리, 변경관리, 자산관리, 구성관리 등을 위한 프로세스

④ DSS (Deliver, Service, Support)

- 제공, 서비스, 지원으로, 운영관리, 문제관리, 연속성관리, 비즈니스 프로세스 통제 관리 등을 위한 프로세스

⑤ MEA (Monitor, Evaluate, Assess)

- 모니터링, 평가, 진단으로, 성과 및 준수 및 내부 통제 시스템 모니터링, 평가 및 진단 등을 위한 프로세스

3) IT서비스관리 프레임워크는 서비스 관리의 구현을 지원하기 위해 제공되는 기본구조, 틀을 말한다.

- 대표적인 ITSM 프레임워크는 ITIL(Information Technology Infrastructure Library, IT인프라스터럭처 라이브러리)와 ISO20000-1:2011이 있다.

ITIL	ISO20000
• IT서비스 제공에 대한 바람직한 실무(Best Practice)에 대한 **지식체계** • 비즈니스 서비스 질의 향상이 목적	• IT서비스 제공에 대한 바람직한 실무(Best Practice)인정된 **컴플라이언스** • 비즈니스 서비스질 개선 + 표준획득으로 IT서비스관리 절차와 실무를 갖춘 조직임을 **증명**하는 것이 목적

4) 서비스 수준협약서(Service Level Agreement, SLA)은 IT조직과 고객과의 계약으로, 제공되어야 할 서비스를 구체적으로 명시하는 것으로, 계약기간 중 서비스를 평가하고 조정하기 위한 표준으로 사용된다.

5) 서비스 효율성 및 효과성 모니터링 도구는 다음과 같은 것들이 있다.

① 비정상 작업종료 보고서(예외보고서)

  • 성공적으로 완수하지 못했거나 비정상적인 모든 작업 식별하여 보고함

② 시스템 및 응용프로그램 로그

  • 로그 분석을 통해 비정상 행위에 대한 판단할 수 있음

③ 운영자 문제점 보고서

- 운영상의 문제에 대해서 운영자가 직접 기록하여 보고함

④ 운영자 작업 일정표

- 적절한 자원배분(인력배치)에 활용

6) 아웃소싱으로 서비스 제공하는 경우, 모니터링은 필수이며, 아웃소싱으로 서비스 제공하는 경우, 서비스제공만 아웃소싱되고, 책임추적성은 아웃소싱되지 않음

7) 주요 인프라 운영기법으로, 무인자동 운영과 작업스케줄링 소프트웨어(JSS)이 있으며, 작업스케줄링 소프트웨어(JSS)는 운영자들에 대한 의존도를 감소시키는 장점이 있으나, 처리 중 오류 발생 시, 최종 결과에 대한 신뢰성이 낮아지는 문제가 있다.

8) 사고(Incident) 관리는 IT서비스 중단에 따른 부정적 영향을 제거하거나 감소시킴으로써 서비스의 연속성을 증가시키는 것이 목표이고, 문제점관리는 현안을 근본적으로 해결하는 것이 목표 즉, Incident의 수를 감소시키는 것이 목표이다.

9) 지원 및 헬프 데스크는 해당 직급에서 해결하지 못하는 문제

는 적절한 담당자 및 관리자에게 이관하는 절차가 존재하여야
한다.

10) 패치관리(Patch Management)는 패치 전후에 적절히 테스트하
고 문서화하는 등의 관리가 필요하며, 릴리즈관리(Release Man
agement)는 실패 시 복원 계획(roll back)이 필요하다.

11) 품질보증(QA, Quality Assurance)은 시스템을 개발하고 유지 보
수하는 과정에서 조직의 변경 및 릴리즈 관리 정책에 따라 변
경이 승인되고, 테스트 되고, 적절히 구현되었는지 검증하는
과정이다.

12) 데이터는 데이터 생명주기 상에서 데이터에 대한 품질이 확보
될 수 있도록 관리하여야 하며, 데이터 품질을 유지할 책임은
궁극적으로 데이터 소유자에게 있다.

13) IT자산 관리의 시작은 자산의 완전한 목록 작성과 정보의 수
집(예 : 식별자, 위치, 소유자, 관리자, 가치, 보안등급, 복구순위 등)이다.

2. 정보시스템 하드웨어

1) 컴퓨터하드웨어는 성능과 특성에 따라 슈퍼컴퓨터, 메인프레임, 미니컴퓨터, 마이크로 컴퓨터 등으로 구분한다.

구분	설명
슈퍼 컴퓨터	• 가장 고성능 컴퓨터로서 항공, 우주, 의약, 군사 등에서 사용
메인 프레임	• 멀티 태스킹과 멀티 프로세싱이 가능 • 일반 기업에서 사용하는 컴퓨터 중 성능 및 용량에서 가장 우수함
미니 컴퓨터	• 메인프레임과 동일한 기능을 수행하나 규모는 작음 • 통신링크, LAN에서 서버 역할을 수행함
마이크로 컴퓨터	• 일반 사무용 및 가정용으로 주로 사용되는 저사양의 컴퓨터
기타	• 랩톱, 태블릿, PDA(Personal Digital Assistant) 등으로, 정보의 도난 및 연결성에 취약함

• 사용자의 관계에 따라 프론트엔드 시스템, 백엔드 시스템으로 구분할 수 있다.

구분	설명		
프론트 엔드	• 시스템 중 사용자와 직접 상호작용하는 부분을 말함		
백 엔드	• 시스템 중 사용자와 직접 상호작용하지 않고, 이면에서 정보를 처리를 수행하는 부분을 말함 • 서버와 전용장치로 구분할 수 있음		
	구분	설명	
	• 서버	• 사용자의 업무 처리에 직접적인 도움을 주는 역할 수행 • 예) 응용서버, DB서버, 프린터 서버, 파일 서버 등	
	• 전용장비 (Appliances)	• 특화된 기능을 제공하거나, 서버 등을 지원하는 부수적인 서비스를 제공 • 예) 라우터, 스위치, VPN, 방화벽 등	

2) 하드웨어 구성요소는 중앙처리장치(CPU), 기억장치/저장장치, 입/출력 장치 등이 있으며, 중앙처리장치(CPU)의 구성요소는 다음과 같다.

구분	설명
산술연산장치 (ALU)	• 사칙연산, 논리연산(AND, OR, XOR, True, False) 등을 수행하는 장치

구분	설명
제어장치 (Program Control Unit)	• CPU 내부에서 동작하는 작업을 관리하고, 작업 순서 및 타이밍 등을 제어하는 장치
레지스터	• 산술연산장치와 연결되어 사용되는 기억장치

- 기억장치 중, USB는 별도 흔적없이 대량의 데이터 복사 가능하고, 분실 및 도난 시 내부 정보의 유출, 일부 USB의 경우 부팅 기능 제공으로 보안체크 우회 등의 위험이 존재한다.

- 입력 장치 중, RFID태그는 전파를 방출하여 태그를 부착한 사물을 식별하는 장치로, 승인받지 않은 추적이 가능하므로 도청의 문제, 태그 내 개인정보 포함 시 프라이버시 문제, 경쟁사의 오용 등 다수의 위험을 내포하고 있다.

3) 하드웨어 처리방식은 다중 태스킹 (Multi-tasking), 다중 프로그래밍(Multi-programming), 다중 프로세싱 (Multi-processing), 다중 쓰레드 (Multi-threading) 등으로 구분된다.

구분	설명
다중 태스킹 (Multi-tasking)	• 복수 개의 프로그램을 동시에 수행하는 것을 말함 • 논리적인 개념에서 동시 수행 • 각 프로그램에게 일정한 처리 시간이 할당되고, 할당된 짧은 시간 동안 프로그램이 처리되므로 동시에 처리하는 것처럼 보이는 논리적 동시 실행임 • 시분할 방식(여러 프로그램이 프로세스의 작은 시간 조각을 하나씩 받아서 사용하는 방식)
다중 프로그래밍 (Multi-programming)	• 프로세스 자원 낭비를 줄이기 위한 방법으로, 프로세스가 수행 중인 작업에서 응답을 대기하는 동안 다른 프로그램을 수행하는 것 • 여러 가지 작업을 동시 수행한다는 의미에서는 Multi-tasking과 유사의미 • 그러나, Multi-tasking(정해진 시간단위만큼 씩 다른 작업 수행)과 차이는 대기시간동안 다른 작업 수행
다중 프로세싱 (Multi-processing)	• 복수개의 프로세스가 하나의 프로그램을 동시 수행(병렬처리)하는 것을 말함 • 물리적으로 동시 수행
다중 쓰레드 (Multi-threading)	• 단일 프로세스 내 다수의 작업(쓰레드 : 프로세스 내 생성되는 실행 주체)들이 동시에 수행 • 프로세스 내에서 복수개의 쓰레드 생성하여 생성된 쓰레드가 하나의 공유 메모리를 가지고 작업을 수행 • Multi-tasking과 차이는 프로그램에서 구현이 가능(예: 네트워크 프로그램에서 사용자 접속 시, 각 사용자 처리를 위한 쓰레드 생성)

4) 하드웨어 도입 단계는 요구사항 분석(사양 분석) → 제안요청서 (RFP) 작성 → 제안서 접수 및 평가 → 협상 및 계약 → 설치, 테스트, 구현 의 단계로 이루어진다.

5) 하드웨어 유지보수 그 목적에 따라 하자보수, 예방보수, 적응보수, 개선보수로 구분한다.

구분	설명	시점
하자 보수 (Corrective Maintenance)	• 납품한 시스템의 오류를 수정하는 유지보수	응급 유지 보수
예방 보수 (Preventive Maintenance)	• 시스템의 원활한 운영을 위한 주기적인 점검을 통한 유지보수	예방 유지 보수
적응 보수 (Adaptive Maintenance)	• 시스템 운영 환경 등의 변화에 따른 시스템 조정 등의 유지보수	지연 유지 보수
개선 보수 (Perfective Maintenance)	• 기능 향상 또는 추가 등을 통한 성능 개선 등의 유지보수	계획 유지 보수

• 유지보수의 시점에 따라 계획 유지보수, 예방 유지보수, 응급

유지보수, 지연 유지보수로 구분된다.

구분	설명
계획 유지보수	• 주기적인 계획에 따라 이루어지는 유지보수
예방 유지보수	• 사전 예방 차원에서 이루어지는 유지보수
응급 유지보수	• 긴급한 장애나 오류 등에 대한 유지보수, 사후 승인 필요
지연 유지보수	• 시스템에 대해 변경된 부분에 대해 추후 지원하는 유지보수

6) 유지보수 관련 문서로는 자산/장비 관리보고서, 오류보고서, 가용성 보고서, 이용도 보고서 등이 있다.

구분	설명
자산, 장비 관리 보고서	• 각종 컴퓨터 및 통신기기의 목록을 말함 • 관리 및 유지보수 현황을 파악하는 자료로 활용
오류보고서	• 하드웨어에 대한 오류 및 장애에 대한 보고서 • 하드웨어 오류 및 장애에 대한 적절한 조치 여부 등 확인에 사용

구분	설명
가용성 보고서	• 시스템의 중단시간(down time) 및 가용시간에 대한 보고서 • 가용성의 수준을 확인하고, 적절한 대책 마련을 위한 자료로 활용 • Down Time(시스템 사용 불가 상태) 확인을 통해 중단 사유 판단
이용도 보고서	• 자원이 이용도 및 용량의 적정성을 판단하는 자료로 활용

7) 용량 관리는 이용도 보고서를 통해 확인가능하며, 용량의 이용도는 평균적으로 85~95% 사이가 적정하고, 평균 값 이하의 경우 지나친 과도 투자이며 평균 값 이상의 경우 추가 투자 계획이 필요하다.

3. 정보시스템 아키텍처 및 소프트웨어

1) 정보처리의 방식은 메인프레임 환경, 클라이언트 서버 환경, 클라우드 환경 등으로 나뉘고, 각각 시스템의 구성과 정보처리의 위치가 다르다.

2) 메인프레임 환경은 대용량의 컴퓨터가 데이터 처리와 통신을 모두 담당하는 환경을 말하며, 배치환경이라고도 한다.

- 표준의 적용이나 통제의 강도가 높아지는 장점이 있으나, 정보처리에 소요되는 시간이 길고 중앙처리 장비 고장 시 전체 처리 중단되는 단점 있다.

3) 클라이언트 서버 환경은 메인프레임 환경과 같은 중앙처리방식의 단점을 보완하기 위해 등장한 분산처리 방식의 한 종류임

구분	설명
2계층 구조	- 2계층의 단순한 구조 - 클라이언트 vs 서버(응용 및 DB서버)의 구조 - 2계층 구조의 클라이언트는 Fat 또는 Thick 클라이언트임
3계층 구조	- 클라이언트 vs 응용서버 vs DB서버와 같은 3계층 구조 - 클라이언트는 Thin클라이언트라고 하며, 주로 GUI 기능을 수행 - 운영 비용이 상대적으로 낮으며 확장성이 높음
N계층 구조	- 3계층 구조에서 서버 계층이 더 세분화된 구조 - 클라이언트 vs 응용서버 vs DB서버, 웹 서버, 메일서버 등 - N계층 구조에서 클라이언트는 주로 웹 브라우저임

4) 미들웨어 클라이언트-서버환경에서 Front-End의 사용자 인터페이스와 Back-End의 서버를 연결하는 장비(SW)를 말하며, 기종이 서로 다른 서버 및 클라이언트 사이의 중재 역할을 수행한다.

- 미들웨어에는 TP Monitor(거래처리모니터), RPC(원격 절차 호출), ORB(객체 요청 브로커), 메세징 서버가 있으며, 각 특성은 다음과 같다.

구분	설명
TP Monitor (거래처리모니터)	• Transaction Processing Monitor • DB거래의 처리, 감시 및 부하 분산을 수행함
RPC (원격 절차 호출)	• Remote Procedure Call • 클라이언트의 프로그램을 서버에서 실행할 수 있도록 함
ORB (객체 요청 브로커)	• Object Request Broker • 분산환경에서 비즈니스 객체의 공유 및 재사용을 할 수 있게 함 • CORBA, COM/DCOM 등
메세징 서버	• 전용 서버를 사용하여 비동기적으로 메시지의 우선순위를 부여하고, 대기 행렬을 관리하며 처리함

5) 클라우드 컴퓨팅이란, 사용자들이 인터넷을 통해 데이터, 응용 프로그램, 하드웨어 등을 사용할 수 있게 해주는 IT서비스 제공 모델로서 자원의 공유 및 접근성을 극대화해주는 장점이 있으나, 클라우드 서버에 저장된 데이터의 기밀성과 서비스 유지보수 등에 대한 문제가 발생할 수 있는 단점이 있다.

구분	설명
IaaS (Infrastructure as a Service)	• 서버 또는 저장소를 가상화하여 서비스를 제공하는 형태 • 벤더는 인프라(하드웨어)만 제공함 • 운영체제 및 응용프로그램 등을 고객이 직접 원하는 형태로 구성하여 사용
PaaS (Platform as a Service)	• 제공업체의 서버와 저장소 및 운영체제를 사용하는 형태 • 벤더는 플랫폼(하드웨어 및 시스템 SW)을 제공 • 고객은 응용프로그램을 직접 만들어 사용 • 응용프로그램과 플랫폼간의 호환성 유지 필요
SaaS (Software as a Service)	• 서버, 저장소, 운영체제 및 응용프로그램까지 제공하는 형태 • 벤더가 모든 요소를 제공하고, 고객은 접속기기 또는 브라우저만 있으면 이용가능 • 고객 특성에 맞는 서비스를 제공받기에는 어려움 • 예) 구글 드라이브, 애플의 iCloud 등

6) 운영체제(OS)란, 시스템 하드웨어를 관리할 뿐 아니라 응용 소프트웨어를 실행하기 위하여 하드웨어 추상화 플랫폼과 공통 시스템 서비스를 제공하는 시스템 소프트웨어를 말한다.

- OS는 매개변수(파라메타)설정에 따라 자원관리, 우선순위관리, 작업관리, 데이터관리, 시스템 오류 및 무결성관리, 할동기록 등의 방식이 달라짐. 따라서, 운영체제 내부에 통제가 이루어지는 방법을 알 수 있는 효과적 방법 중 하나는 매개변수(파라메타) 설정을 검토하는 것이다.

7) 접근통제 소프트웨어(ACS)는 컴퓨터의 자원에 대한 접근을 통제하고 접근로그를 관리하여 시스템의 보안성 확보를 하도록 하는 SW를 말하며, 접근통제 관련 정책은 MAC(강제적 접근통제), DAC(임의적 접근통제), RBAC(역할기반 접근통제)로 구분가능하다.

8) 데이터 통신 소프트웨어는 두 지점간의 메시지 및 데이터를 정확하게 전달하는 기능을 수행하는 SW를 말하며, 정보의 정확한 전달에만 관심을 가지고, 정보의 내용은 상관하지 않는다.

9) 무료 SW라이센스 유형은 다음과 같다.

- 오픈소스 : GNU(General Public License)로서, 사용, 복사, 재배

포 등이 모두 허용됨

- 프리웨어(freeware) : 사용은 무료이나 재배포는 금지됨

- 셰어웨어(shareware) : 시험판 또는 평가판이라하며, 일정기간만 사용이 무료이고, 이후에는 유료가 됨

10) SW라이센스 위반 예방을 위해 가장 먼저해야할 것은 지적 재산권 보호를 위한 정책을 수립하고 교육을 실시하는 것이다.

11) DB Key는 다음과 같이 구분된다.

구분	설명
1차 키 (Primary Key, 주키)	• 레코드 식별에 주로 또는 가장 먼저 사용되는 키를 말함 • 예) 직원 정보에서, 사번 또는 이름 등
2차 키 (Secondary Key)	• 1차 키만으로 레코드를 고유하게 식별하지 못할 경우, 이를 보조하기 위한 키를 말함 • 예) 이름을 1차키로 했을 때 직원 내 동명이인이 있다면 전화번호를 2차키로 하며 직원을 식별함
외래 키 (Foreign Key)	• 특정 레코드의 키로 사용되는 다른 레코드의 키를 말함 • 예) 급여 정보 식별을 위해 직원정보의 사번을 키로 사용

12) 참조 무결성은 특정 레코드의 1차 키와 이 키를 외래 키로 사용하는 레코드 사이의 일관성을 말함. 급여 정보 테이블에 사번 1234 직원이 존재한다면, 실제 직원정보 테이블에도 사번 1234이 존재하여야 한다.

13) DB 스키마(schema)는 DB를 정의할 때 요구되는 데이터 요소들을 메타데이터(meta-data)라 하며, 메타데이터로 표현한 DB 구조를 스키마라 하며, 다음과 같이 구분된다.

구분	설명
외부 스키마	• 사용자, 응용프로그래머가 접근할 수 있는 DB • 전체 DB의 한 논리적 부분이므로 서브 스키마 또는 View라고 함 • 하나의 외부 스키마를 몇 개의 응용 프로그램이나 사용자가 공유할 수 있음
개념 스키마	• 전사적 DB의 논리적 구조로서, 외부 스키마와 내부 스키마를 매핑 시킴 • 데이터 추상화에서 어떤 데이터가 실제로 저장되었는가와 데이터간의 관계를 기술함
내부 스키마	• 저장 매체에 실제로 저장되는 물리적 구조와 접근 경로를 표현함 • 저장장치 관점에서 전체 DB가 저장되는 방법을 명세한 것

제2절 네트워크 및 재해복구 계획

▣ 네트워크 및 재해복구 영역 관련 수준확인 문제 ▣

1. 통신 연결은 그 특성에 따라 여러 가지로 구분된다. 다음 통신 연결 구분에 대한 설명으로 가장 적절하지 않은 것은?

① 직접 연결(Direct Connection)은 두 단말기를 하나의 회선 또는 독점 회선으로 연결하는 방식으로, 상대적으로 통신의 품질, 안정성, 보안이 높다.

② 교환 연결(Switched Connection)은 통신망 내 공유지점들을 조합하여 두 단말기를 연결하는 방식으로, 망이 커져도 복잡성, 구축 및 관리 비용 증가가 급격하지 않는다.

③ 전용회선(Dedicated Line)은 자체 가설하거나 기간통신 사업자로부터 독점 임대한 회선을 말하며, 저렴한 비용으로 일정 수준의 통신 서비스 이용 가능하나 상대적으로 낮은 통신 품질, 안정성 및 보안 수준을 제공한다.

④ 유선 전송(Wired Connection)은 물리적인 매체를 이용하여 통신

구간을 연결하는 방식으로 무선 전송에 비해 상대적으로 통신 품질의 안정성이 높고, 도청의 위험은 낮다.

2. 가상회로 방식에 대한 설명으로 적절하지 않은 것은?

① 가변 길이의 패킷을 교환하는 표준 프로토콜로, 오류 및 흐름 제어를 제공하는 방식은 X.25이다.

② FR(Frame Replay)은 가변 길이인 프레임 단위로 메시지를 교환하며, 오류 및 흐름 제어를 생략한다.

③ ATM(Asynchronous Transfer Mode, 비동기 전송모드)은 고정 길이인 셀 단위로 교환하며, 오류 및 흐름 제어를 생략한다.

④ 데이터크램(Datagram)은 각각의 패킷이 최적의 경로를 찾아서 이동하는 방식으로, 현재 인터넷에서 주로 사용하는 방식이다.

3. 각각의 패킷이 최적의 경로를 찾아서 이동하는 방식으로 패킷의 도착 순서가 다르므로 수신측에서 재조합하여야 하는 특성을 가지고 있는 방식은 어느 것인가?

① X.25

② FR(Frame Replay)

③ 가상회로방식

④ 데이터크램(Datagram)

4. 데이터 전송 방식간의 전송속도를 가장 늦은 것부터 가장 빠른 순으로 나열한 것은?

① 데이터그램 〈 X.25 〈 FR 〈 ATM 〈 메시지 교환 〈 회선교환
② X.25 〈 FR 〈 ATM 〈 데이터그램 〈 메시지 교환 〈 회선교환
③ 데이터그램 〈 X.25 〈 FR 〈 ATM 〈 회선교환 〈 메시지 교환
④ 데이터그램 〈 ATM 〈 메시지 교환 〈 X.25 〈 FR 〈 회선교환

5. 국제표준화기구(ISO)에서 제시하고 있는 망 관리 모델에 대한 설명으로 적절하지 않은 것은?

① 성능 관리(Performance Management)는 망의 성능과 관련된 여러 가지 측면들을 유지하고 관리하도록 해야 함을 말한다.
② 형상 관리(Configuration Management)는 장비의 구성 정보 및 시스템의 형상 정보들을 감시하는 역할을 하여야 함을 말한다.
③ 고장 관리(Fault Management)는 망에서 발생하는 문제점들을 검출, 기록, 수리할 수 있어야 함을 말한다.
④ 보안 관리(Security Management)는 망을 통해 전송되는 데이터는 암호화 등을 통해 안전하게 전송되어야 함을 말한다.

6. 국제표준화기구(ISO)에서 망(네트워크) 관리 모델을 제시하고 있다. ISO에서 제시한 망(네트워크) 관리 모델의 기능에 해당하지 않는

것은?

① 성능 관리 (Performance Management)

② 형상 관리 (Configuration Management)

③ 회계 관리 (Accounting Management)

④ 품질 관리 (Quality Management)

7. 망 감시 도구에 대한 설명으로 적절하지 않은 것은?

① 응답시간보고서(Response Time Report)는 단말에서 입력한 시점에서 호스트로부터 응답이 오는데 까지 걸리는 시간을 나타낸다.

② 중단시간보고(Down Time Report)는 정전, 과부하, 오류 등에 의한 중단 상황을 나타낸다.

③ 네트워크 분석기(Network Analyzer)는 네트워크 노드들의 상태를 실시간으로 나타내어주어, 네트워크와 노드들과 관련된 문제 파악할 수 있게 한다.

④ SNMP(Simple Network Management Protocol)는 라우터, 스위치, 서버, 케이블 모뎀 등의 각종 장비를 관리하고 감시하는 TCP/IP기반의 프로토콜이다.

8. OSI 참조 모델에 대한 설명으로 적절하지 않은 것은?

①서로 다른 네트워크 간의 통신을 위해 ISO 기구에서 제안한 표준이다.

②이기종 간에 서로 다른 데이터의 표현 및 교환 방식을 표준화하는 것이 목적이다.

③통신기능을 수직적인 계층으로 분할하여 각 계층마다 다른 시스템과 통신하는데 필요한 기능들을 수행한다.

④각 계층은 바로 위 계층의 서비스를 사용한다.

9. OSI 7 Layer의 각 계층에 대한 설명으로 적절한 것은?

①상위계층, 중간계층, 하위계층으로 구분할 수 있다.

②상위계층은 L6~L7까지를 말한다.

③하위계층은 L1~L3까지를 말한다.

④각 계층은 캡슐화와 역캡슐화의 과정을 거친다.

10. OSI 7 Layer의 각 계층에 대한 설명으로 적절하지 않은 것은?

①사용자 인터페이스를 제공하며, 응용서비스를 정의하는 계층은 응용계층이다.

②데이터 표현 방법 / 암호화 같은 특별한 처리를 수행하는 계층은 표현계층이다.

③ 패킷으로 분할, 주소부여, 수신 패킷의 재조립 등을 수행하는 계층은 수송계층이다.

④ 데이터의 전송의 신뢰성을 보증하기 위한 계층으로 패킷의 수신 주소를 보고 정해진 방향으로 전송하는 계층은 데이터링크 계층이다.

11. OSI 7 Layer를 구성하는 계층에 대한 설명으로 가장 적절하지 않은 것은?

① Session Layer는 Application간의 Session을 성립하고 유지 관리하고 종료 시키는 역할(스케줄링)을 한다.

② transport layer는 발신지에서 목적지까지의 전체 메시지 전달기능을 제공하며, 전체 메시지가 완전하게 올바른 순서로 도착하는 것을 보장한다.

③ Network Layer는 데이터를 발신지로부터 여러 링크를 통하여 목적지까지 전달하는 책임 수행한다.

④ Physical Layer는 물리적인 링크를 통한 데이터의 전송의 신뢰성을 보증하기 위한 계층이다.

12. TCP/IP Protocol Suite에 대한 설명으로 적절하지 않은 것은?

① TCP/IP 프로토콜은 OSI 모델보다 먼저 개발되었다.

② 하드웨어, 운영체제, 접속매체에 관계없이 동작할 수 있는 개방성을 가진다.

③ 4개 계층(네트워크 인터페이스, 전송, 세션, 응용 계층)으로 구성되어 있다.

④ 현재의 인터넷에서 컴퓨터들이 서로 정보를 주고받는데 쓰이는 통신규약(프로토콜)이다.

13. TCP/IP Protocol Suite의 계층에 대한 설명으로 적절하지 않은 것은?

① 응용 계층은 특정 응용에 대한 상세한 동작을 처리하며, SMTP, FTP, WWW 등의 프로토콜을 사용한다.

② 전송 계층은 상위의 응용계층에 대해 두 호스트 간의 데이터의 흐름을 제공하며, OSI 7 Layer의 수송 계층에 해당한다.

③ 인터넷 계층은 네트워크 상의 패킷의 이동을 제어하는 역할 수행하며, 전송 제어 프로토콜과 사용자 데이터 프로토콜을 사용한다.

④ 네트워크 인터페이스 계층은 OS의 네트워크 카드와 디바이스 드라이버 등과 같이 하드웨어적인 요소와 관련되는 모든 것을 지원하는 계층이다.

14. 전송 시 데이터 단위로 패킷을 사용하는 계층은 OSI 7 Layer의 (가)계층과 TCP/IP Protocol Suite의 (나)계층이다. (가), (나)에 해당하는 계층으로 적절한 것은?

① (가)응용 - (나)응용
② (가)수송 - (나)전송
③ (가)네트워크 - (나)인터넷
④ (가)물리 - (나)네트워크 인터페이스

15. 국제표준화기구(ISO)에서 제시한 OSI 참조모델의 계층화(일명 OSI 7 Layer)의 순서로 올바른 것은?

① 응용계층-표현계층-세션계층-수송계층-네트워크계층-데이터링크계층-물리계층
② 응용계층-표현계층-수송계층-네트워크계층-세션계층-데이터링크계층-물리계층
③ 응용계층-수송계층-표현계층-세션계층-데이터링크계층-네트워크계층-물리계층
④ 응용계층-표현계층-데이터링크계층-세션계층-네트워크계층-수송계층-물리계층

16. 통신 오류 대응 방법에 대한 설명으로 적절하지 않은 것은?

① 후위 오류 제어기법은 오류가 검출되면 송신측에 재전송을 요청하는 기법이다.

② 후위 오류 제어기법은 자동 재전송 요청(ARQ) 기법이다.

③ 전위 오류 제어기법은 수신측에서 오류를 직접 수정하는 기법이다.

④ 전위 오류 제어기법은 Feedback error control이라 한다.

17. 통신 오류 검출 기법에 대한 설명으로 적절하지 않은 것은?

① 패리티 검사는 Byte 단위의 bit 열에 오류 발생 여부를 검사하는 기법으로, 여분의 비트를 부가한다.

② 순환 중복성 검사(CRC)는 체크섬 값을 메시지에 추가하여 오류를 검출하는 기법으로, 강력하면서도 쉽게 구현이 가능한 오류 검출기법이다.

③ 해시 값(Hash Value)은 해시함수를 사용하여 메시지 다이제스트를 계산하는 기법이다.

④ 블록 섬 검사는 데이터 오류 검출과 정정이 모두 가능한 대표적인 기법으로, 전위 오류 제어 기법으로 활용된다.

18. 주요 네트워크 장비에 대한 설명으로 적절하지 않은 것은?

① 게이트웨이(Gateway)는 다양한 종류의 망과 메인 프레임 간에 프로토콜 변환을 수행하며, OSI 모델의 전 계층에서 작동한다.

② 라우터(Router)는 복수의 이질적인 망을 연결하고 중개 경로를 결정하며, 네트워크의 논리적 주소(IP)를 사용한다.

③ 스위치(Switch)는 기본적 기능과 특성은 게이트웨이와 동일하나 하드웨어 기반의 네트워크 장비이다.

④ 브리지(Bridge)는 2개 이상의 LAN을 연결하여 하나의 망을 만들어 주거나, 하나의 망을 두 개의 영역으로 분리하는 기능을 한다.

19. 감사인 홍길동은 데이터베이스에 대한 감사를 수행하다 역정규화가 이루어졌음을 발견하였고, 이와 관련하여 감사인 홍길동이 취한 행동으로 가장 적절한 것은?

① 데이터베이스의 무결성이 저하될 수 있으므로 취소하게 하였다.

② 데이터베이스의 성능을 향상하기 위한 것이었기 때문에 문제가 없다고 판단하였다.

③ 정보시스템 부서 관리자가 데이터베이스에 대한 역정규화를 승인한 기록을 확인하였다.

④ 데이터베이스 역정규화를 위한 적절한 근거를 확인하기 위해 관련자료를 확인하였다.

20. 감사인 홍길동은 네트워크 시스템의 보안통제 현황을 검토하던 중, 다수의 운영자가 하나의 계정을 공유하여 사용하는 것을 발견하였고, 이에 대해 감사인 홍길동이 판단한 내용을 가장 적절한 평가는 어느 것인가?

① 네트워크 장비의 특성 때문에 어쩔 수 없는 상황이므로 문제가 없다.

② 운영자별로 접근 권한이 서로 다르기 때문에 문제의 소지가 있다.

③ 책임 추적성이 손상될 수 있기 때문에 문제가 된다.

④ 시스템 자원을 효율적으로 사용할 수 있으므로 문제가 없다.

21. 재해발생 시 재해 복구를 위한 시설에 관한 설명으로 적절하지 않은 것은?

① 새로운 사이트(New Home Site)는 재해 후 새롭게 건설한 1차 사이트를 말하며, 재구축 여부는 경영진이 결정한다.

② 재해로 인해 1차 사이트 중단 시 임시로 사용하는 사이트를 대체사이트라 하며, 대표적인 1차 사이트 중 하나이다.

③ 경유사이트(Interim Site)는 재해 복구 후 1차 사이트로 이관하기 전에 경유하는 사이트로서 사용여부는 경영진이 결정한다.

④ 사이트별 처리 용량은 1차 사이트가 가장 크고 다음이 경유사이트, 대체사이트 순서이다.

22. 장애 대응 전략에 대한 설명으로 적절하지 않은 것은?

① 장애 안전(Fail Safe)은 장애가 탐지되면 전체 시스템 기능을 중단하는 전략으로 시스템 무결성을 강조한다.

② 장애 완충(Fail Soft)은 장애가 탐지되면 핵심 기능만 남기고 주변 기능을 중단하는 전략으로 시스템 가용성을 보완한다.

③ 장애 이관(Fail Over)은 장애가 탐지되면 대기중인 시스템에 기능 수행을 이관하는 전략이다.

④ 고장 감내(Fault Tolerant)는 구성을 이중화, 삼중화하여 장애 시에도 시스템 기능이 유지되게 하는 전략으로 타 전략에 비해 시스템 가용성이 낮다.

23. 재해발생 시 재해 복구 시간과 관련하여, RPO에 대한 설명으로 적절하지 않은 것은?

① 복구목표시점을 의미하여 중단 이후 복구를 하고자 하는 중단 이전의 시점을 말한다.

② 중단에 따른 손실의 최대 허용량을 말한다.

③ 미러사이트 경우 RPO가 0으로 업무가 중단 없이 복구 가능하다.

④ 백업주기는 RPO에 의해 결정하게 되며, 통상 RPO보다 길어야 한다.

24. 재해복구와 관련된 시간에 대한 설명으로 적절하지 않은 것은?

① RTO는 중단 이후 복구를 완료해야 하는 시점까지 시간으로 최대허용정지시간(MTD)보다 같거나 짧아야 한다.

② MTD는 중단에 따른 누적 손실이 감내할 수 있는 최대 시간을 말한다.

③ MTO는 2차사이트의 SDO가 낮을수록 MTO도 짧아진다.

④ 백업주기는 RPO보다 길어야 한다.

25. RAID에 대한 다음 설명 중 가장 적절하지 않은 것은?

① 여러 개의 디스크를 배열하여 속도의 증대, 안정성의 증대, 효율성, 가용성의 증대를 하는데 쓰이는 기술을 말한다.

② RAID사용 시 운용 가용성 및 데이터 안정성 증대한다.

③ RAID사용 시 디스크 용량 증설의 용이하다.

④ 데이터를 구성된 디스크들에게 나눠서 저장하므로 I/O 성능은 감소한다.

■ 수준확인 문제 정답 및 해설 ■

1. 정답 : 3

※ 전용회선(Dedicated Line)은 자체 가설하거나 기간통신 사업자로
부터 독점 임대한 회선을 말하며, 높은 품질, 안정성 및 보안을
제공하나 고가의 비용이 발생한다.

2. 정답 : 4

※ 가상회로방식은 모든 패킷이 가상의 회선이라는 동일 경로로
이동하며, 대표적인 방식으로는 X.25, FR(Frame Replay), ATM
이 있다. 데이터크램(Datagram)은 각각의 패킷이 최적의 경로를
찾아서 이동하는 방식으로, 가상회로 방식이 아니다.

3. 정답 : 4

※ 데이터크램(Datagram) 방식은 각각의 패킷이 최적의 경로를 찾
아서 이동하는 방식으로, 패킷의 도착 순서가 다르므로 수신측
에서 재조합하여야 한다.

4. 정답 : 1

※ 전송속도는 데이터그램 〈 X.25 〈 FR 〈 ATM 〈 메시지 교환 〈 회선교환 순서임

5. 정답 : 4

※ 국제표준화기구(ISO)에서 망 관리 모델의 5가지의 개념적인 영역(기능)에서 보안 관리 (Security Management)는 허가된 사용자만이 망 자원을 접근하여 사용할 수 있도록 하는 역할이 있어야 함을 말한다.

6. 정답 : 4

※ 국제표준화기구(ISO)에서 망 관리 모델의 5가지의 개념적인 영역(기능)으로는 성능 관리 (Performance Management, 망의 성능과 관련된 여러 가지 측면들을 유지하고 관리하도록 해야 함), 형상 관리 (Configuration Management : 장비의 구성 정보 및 시스템의 형상 정보들을 감시하는 역할을 하여야 함), 회계 관리 (Accounting Management : 망 자원의 사용도를 측정하고 이를 분석하며 필요 시 과금 부과 등이 가능하여야 함), 고장 관리 (Fault Management : 망에서 발생하는 문제점들을 검출, 기록, 수리할 수 있어야 함), 보안 관리 (Security Management : 허가된 사용자만이 망 자원을 접근하여 사용할 수 있도록 하는 역할이 있어야 함)가 있다.

7. 정답 : 3

   ※ 네트워크 분석기(Network Analyzer)는 일명 프로토콜 분석기라고
   도 하며, 분석기가 설치된 링크 내 모든 패킷의 이동을 기록하
   고 감시한다.

8. 정답 : 4

   ※ OSI 참조 모델에서는 각 계층은 바로 아래 계층의 서비스를 사
   용한다.

9. 정답 : 4

   ※ OSI 7 Layer는 상위계층(L5~L7)과 하위계층(L1~L4)로 구분할 수
   있다.

10. 정답 : 4

   ※ OSI 7 Layer에서 패킷의 수신 주소를 보고 정해진 방향으로 전
   송하는 것은 네트워크 계층이다.

11. 정답 : 4

   ※ 물리적인 링크를 통한 데이터의 전송의 신뢰성을 보증하기 위
   한 계층은 Data Link Layer이며, Physical Layer는 최하위 계

층으로 물리적 링크의 성립, 관리 및 활성에 관여된 전기, 기계, 기능 및 절차 사양을 정의한다.

12. 정답 : 3

※ TCP/IP Protocol Suite를 구성하는 4개 계층은 네트워크 인터페이스 계층, 인터넷 계층, 전송 계층, 응용 계층이다.

13. 정답 : 3

※ TCP/IP Protocol Suite에서 인터넷 계층에서 사용하는 프로토콜은 ARP(주소변환)와 RARP(역주소변환), ICMP, IGMP 등 이다. 전송 제어 프로토콜(TCP)과 사용자 데이터 프로토콜(UDP)는 전송 계층의 프로토콜이다.

14. 정답 : 2

※ 전송 시 데이터 단위로 패킷을 사용하는 계층은 OSI 7 Layer는 수송계층이며, TCP/IP Protocol Suite은 전송계층이다.

15. 정답 : 1

※ 국제표준화기구(ISO)에서 제시한 OSI 참조모델의 계층화(일명 OSI 7 Layer)의 순서는 최상위 응용계층을 시작으로 표현계층-

세션계층-수송계층-네트워크계층-데이터링크계층-물리계층
순서로 이루어져 있음

16. 정답 : 4

※ Feedback error control은 후위 오류 제어기법을 말한다.

17. 정답 : 4

※ 데이터 오류 검출과 정정이 모두 가능한 대표적인 기법으로,
전위 오류 제어 기법으로 활용되는 기법은 해밍코드(Hamming
Code)이다.

18. 정답 : 3

※ 스위치(Switch)는 기본적 기능과 특성은 브리지와 동일하다.

19. 정답 : 4

※ 관계형 데이터베이스의 설계에서 중복을 최소화하게 데이터를
구조화하는 프로세스를 정규화(normalization)라고 한다. 데이터
베이스 정규화의 목표는 이상이 있는 관계를 재구성하여 작고
잘 조직된 관계를 생성하는 것에 있다. 정규화를 많이 수행하면
데이터의 무결성은 향상되지만, 데이터베이스를 구성하는 테

이블 수가 증가하여 데이터베이스의 연산 성능은 저하된다. 따라서 DBA는 데이터의 무결성과 연산성능 사이에서 균형을 잡기 위해 노력하고, 필요한 경우 정규화 수준을 낮추는 역정규화(denormalization)를 수행한다. 역정규화를 수행한 경우, 데이터의 무결성과 성능에서 상충관계가 발생하므로 감사인은 역정규화를 수행한 근거를 확인하고 검토하는 것이 가장 좋다.

20. 정답 : 3

※ 다수의 사용자가 계정을 공유하여 사용하는 것은 실제 행위의 주체를 고유하게 식별하기 어렵기 때문에 책임추적성이 손상될 수 있어, 일반적으로 금지하는 것이 바람직하다.

21. 정답 : 2

※ 재해복구와 관련된 시설은 크게 1차 사이트(원 사이트, 새사이트)와 2차 사이트(대체사이트, 경유사이트)로 구분할 수 있다. 이중 원 사이트(Original Site)는 재해 전부터 사용하던 1차 사이트, 새 사이트(New Home Site)는 재해 후 새롭게 건설한 1차 사이트, 대체 사이트 (Alternative Site)는 재해로 인해 1차 사이트 중단 시 임시로 사용하는 사이트, 경유 사이트 (Interim Site) 재해 복구 후 1차 사이트로 이관하기 전에 경유하는 사이트이다. 이중 경유사

이트의 사용여부와 새사이트 재구축 여부는 경영진이 결정할 사항이다. 재해로 인해 1차 사이트 중단 시 임시로 사용하는 사이트를 대체사이트이며, 대표적인 2차 사이트 중 하나이다.

22. 정답 : 4

※ 고장 감내(Fault Tolerant)는 타 전략에 비해 시스템 가용성이 가장 높은 전략이다.

23. 정답 : 4

※ 복구목표시점(RPO, Recovery Point Objective)는 중단 이후 복구를 하고자 하는 중단 이전의 시점을 말하며, 중단에 따른 손실의 최대 허용량 즉, 용인할 수 있는 데이터 유실량을 의미한다. 미러사이트 경우, RPO가 0으로 업무가 중단없이 복구가능하며, 일반적으로 RPO는 백업주기 보다 큼 즉, 백업주기는 RPO보다 짧아야 한다.

24. 정답 : 4

※ 백업주기는 RPO보다 짧아야 한다.

25. 정답 : 4

※ RAID는 여러 개의 디스크를 배열하여 속도의 증대, 안정성의
증대, 효율성, 가용성의 증대를 하는데 쓰이는 기술을 말하며,
물리적으로 독립된 디스크에 데이터를 중복해서 저장하여 시스
템 성능, 데이터 복구 및 무결성 보증에 사용한다. RAID사용시,
운용 가용성, 데이터 안정성 증대(하나의 디스크에 장애가 발생하더라
도 남은 디스크가 백업 역할이 가능하여, 이로 인해 데이터 손실로 인해 복구 하
는데 소요되는 시간 없이 운용이 지속됨)하고, 디스크 용량 증설의 용이
(기존 사용하던 디스크의 데이터를 보존한 상태로 여분의 디스크와 하나의 볼
륨으로 구성하여 사용가능함)하며, 디스크 I/O 성능 향상(데이터를 구성
된 디스크들에게 나눠서 저장하므로 I/O 성능 향상의 효과가 있음)된다.

앞의 수준확인 문제의 정답 수를 기준으로 보충학습자료의 내용을 다음과 같이 학습할 것을 권고한다.

정답 수	학습 가이드
20문제 이상	아래 보충학습 자료 내의 이론 설명 내용을 빠르게 읽으며 주요 개념 환기한다.
13~19문제	아래 보충학습 자료 내의 이론 설명 내용을 자신의 스타일로 요약정리하며 학습 권고한다.
12문제 이하	이론 설명 내용을 최초 2~3회 이상 정독하여야 하며, 필요한 경우 본 책에서 설명된 주요 개념 등에 대해 추가적인 상세 자료를 통해 꼼꼼하게 학습하기를 권고한다.

1. 정보시스템 네트워크

1) 통신 연결의 구분은 단말기 연결방식(직접연결, 교환연결), 회선사용 (전용회선, 공중교환망), 전송매체(유선, 무선)에 따라 분류할 수 있다.

2) 네트워크의 구분은 규모(PAN, LAN, MAN, WAN, BAN), 통신방법 (회선교환망, 패킷교환망, 메시지 교환망), 패킷경로 형성방식(가상회로 방식, 데이터그램방식), 서비스(부가가치 통신망, 종합정보통신망, 공중망)에 따라 분류할 수 있다.

3) 국제표준화기구(ISO)에서 망 관리 모델의 5가지의 개념적인 영역(기능)을 제시하고 있으며, 그 특성은 다음과 같다.

- 성능 관리 (Performance Management) : 망의 성능과 관련된 여러 가지 측면들을 유지하고 관리하도록 해야 함

- 형상 관리 (Configuration Management) : 장비의 구성 정보 및 시스템의 형상 정보들을 감시하는 역할을 하여야 함

- 회계 관리 (Accounting Management) : 망 자원의 사용도를 측정하고 이를 분석하며 필요 시 과금 부과 등이 가능하여야 함

- 고장 관리 (Fault Management) : 망에서 발생하는 문제점들을 검출, 기록, 수리할 수 있어야 함

- 보안 관리 (Security Management) : 허가된 사용자만이 망 자원을 접근하여 사용할 수 있도록 하는 역할이 있어야 함

4) 프로토콜은 서로 다른 시스템에 있는 개체(entity)의 통신을 원활하게 하기 위해 만든 통신규약을 말한다.

5) OSI 참조 모델이란 서로 다른 네트워크 간의 통신을 위해 ISO 기구에서 제안한 표준으로서 개방형 시스템 상호 연결 (OSI : Open System Interconnection)모델이다.

6) TCP/IP 프로토콜은 OSI 모델보다 먼저 개발되었고, 용어 그대로 전송제어 프로토콜(Transmission Control Protocol)/인터넷 프로토콜(Internet Protocol)의 조합(protocol suit)이며, 4개 계층(네트워크 인터페이스, 인터넷, 전송, 응용 계층)으로 구성되어 있다.

- OSI 7계층과 TCP/IP를 비교하면 다음과 같다.

OSI	기능	TCP/IP
응용 (Application)	응용 S/W 통신 서비스	응용(Application)
표현 (Presentation)	데이터 변환, 압축, 암호화	
세션 (Session)	세션체결, 통신방식 결정	
수송 (transport)	Segment, 에러 및 경로 제어	전송(Transport)
네트워크 (Network)	Datagram, 논리주소 및 경로 결정	인터넷(Internet)
데이터링크 (Data Link)	Frame, 물리주소 결정	네트워크 인터페이스 (Network Interface)
물리 (Physical)	Bit, 전기신호제어	

7) 오류 대응 기법은 크게 후위 오류제어(자동재전송요청, ARQ)와 전
위 오류제어(수신측이 오류수정)으로 나뉜다.

8) 오류 검출 기법은 패리티 검사(Parity Check), 블록 섬 검사(Block
Sum Check), 체크섬(Checksum), 순환 중복성 검사(CRC, Cyclic

Redundancy Check), 해시 값(Hash Value), 해밍코드(Hamming Code)가 있다.

9) 주요 네트워크 장비로는, 게이트웨이, 라우터, 스위치, 브리지, 리피터 및 허브가 있다.

2. 인프라 운영 및 감사

1) 하드웨어 점검 항목으로, 하드웨어 용량관리 절차와 성능평가 절차, 하드웨어 도입 계획, PC도입 기준, 하드웨어 변경관리 통제 등에서 각각의 기준 및 절차가 적절하며 기준대로 수행되는 지 점검하여야 한다.

2) 운영체제 점검 항목으로, 시스템 소프트웨어(운영체제) 선정 절차, 타당성 조사와 선정과정의 검토, 시스템 소프트웨어 설치, 시스템 소프트웨어 유지보수, 시스템 소프트웨어 변경통제, 시스템 문서, 시스템 소프트웨어 설치, 시스템 소프트웨어 보안, 자산관리 등에서 각각의 기준 및 절차가 적절하며 기준대로 수행되는지 점검하여야 한다.

3) 데이터베이스 점검 항목으로, 논리적 스키마, 물리적 스키마, 접근시간보고서, 데이터베이스 보안 통제, 타 프로그램과의 인터페이스, 백업과 재해복구, 데이터베이스에 대한 정보시스템 통제, 자산관리 등에서 각각의 기준 및 절차가 적절하며 기준대로 수행되는지 점검하여야 한다.

4) 네트워크 인프라 및 구현 점검 항목으로, 물리적 통제, 환경적 통제, 논리적 통제 등에서 각각의 기준 및 절차가 적절하며 기준대로 수행되는지 점검하여야 한다.

5) 정보시스템 운영관련 점검 항목으로, 운영전반에 관한 일반적 사항, 작업 일정 수립(스케줄링), 문제관리 등에서 각각의 기준 및 절차가 적절하며 기준대로 수행되는지 점검하여야 한다.

3. 재해복구 계획

1) 재해복구 계획(DRP, Disaster Recovery Plan)는 재해 상황 시 비즈니스 및 조직을 복구하기 위한 계획으로 통상 정보시스템 운영을 대체 시설로 이전하기 위한 계획이며, 정보시스템 지향적이다.

2) 재해복구와 관련된 시설은 크게 1차 사이트(원 사이트, 새사이트)와 2차사이트(대체사이트, 경유사이트)로 구분한다.

- 원 사이트(Original Site)는 재해 전부터 사용하던 1차 사이트, 새 사이트(New Home Site)는 재해 후 새롭게 건설한 1차 사이트, 대체 사이트 (Alternative Site)는 재해로 인해 1차 사이트 중단 시 임시로 사용하는 사이트, 경유 사이트 (Interim Site) 재해복구 후 1차 사이트로 이관하기 전에 경유하는 사이트이다.

- 참고로, 경유사이트의 사용여부와 새 사이트 재구축 여부는 경영진이 결정할 사항이다.

3) 장애 대응전략은 장애 안전(Fail Safe), 장애 완충(Fail Soft), 장애 이관(Fail Over), 고장 감내(Fault Tolerant)로 구분된다.

4) 2차 사이트 소유방식에 따라 상용서비스(Commercial Service, 전문업체로 신의성실 및 신뢰성 문제 발생가능), 상호협약(Reciprocal Agreement, 이행강제력 부족의 문제)로 구분가능하다.

5) 재해복구 시간 관련하여 복구목표시점(RPO), 복구목표시간(RTO), 실제복구시간(RP), 최대허용정지 시간(MTD), 최대한계복구시간(MTO)이 있다.

6) 백업방식은 전체백업(Full Backup), 차등백업(Differential Backup), 증분백업(Incremental Backup)으로 구분된다.

7) RAID는 여러 개의 디스크를 배열하여 속도의 증대, 안정성의 증대, 효율성, 가용성의 증대를 하는 데 쓰이는 기술이다.

8) RAID방식은 스트리핑(Striping), 미러링(Mirroring), 패러티(Parity) 가 있다.

구분	설명			
스트리핑 (Striping)	기존방식 디스크 1 [A B C D] 디스크 2 [빈]		스트리핑 디스크 1 [A C] 디스크 2 [B D]	
미러링 (Mirroring)	기존방식 디스크 1 [A B C D] 디스크 2 [빈]		미러링 디스크 1 [A B C D] 디스크 2 [A B C D]	

구분	설명
패러티 (Parity)	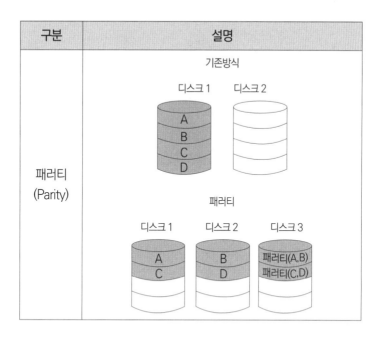

9) RAID수준(Level)은 0 ~ 6까지 구분된다.

구분	스트리핑 (단위)	미러링	패러티 (계산횟수, 저장위치)	비고
0	O(블럭)	–	–	–
1	–	O	–	–
10 or 01	O(블럭)	O	–	순서만 다름
2	O(비트)	–	O(1회, 전용디스크)	잘 사용 않음
3	O(바이트)	–	O(1회, 전용디스크)	잘 사용 않음

구분	스트리핑 (단위)	미러링	패러티 (계산횟수, 저장위치)	비고
4	O(블럭)	–	O(1회, 전용디스크)	저장방식이 다름
5	O(블럭)	–	O(1회, 분산디스크)	
6	O(블럭)	–	O(2회, 분산디스크)	–

정보자산 보호(정보보안)

제5장

본 장은 CISA의 영역을 기준으로
"정보자산의 보호"에 해당하는 내용으로
아래와 같은 내용을 담고 있다.

▶ 정보보호의 개념
▶ 관리적, 물리적, 기술적 보안
▶ 정보보호 감사

제1절 정보보호의 개념 및 접근통제

▣ 정보보호의 개념 영역 관련 수준확인 문제 ▣

1. 정보보호(Information Security)와 관련된 설명으로 적절하지 않은 것은?

   ① 정보보호는 정보가 생성되어 소멸되기까지의 과정 전반에 걸쳐, 기밀성, 무결성, 가용성을 확보하는 것이다.

   ② 정보보호의 목적(기밀성, 무결성, 가용성) 중 하나가 다른 목적들보다 우선할 수 없다.

   ③ 정보보호거버넌스는 조직이 정보보호를 지휘하고 감독하며 평가하는데 사용하는 일련의 기준이나 절차이다.

   ④ 정보보호거버넌스는 이사회 및 고위 경영진이 관리에 대한 책임을 가진다.

2. 정보보호의 구성요소 중 기밀성에 대한 설명으로 적절하지 않은 것은?

   ① 기밀성은 정보가 허가되지 않은 대상에게 공개되지 않는 것을

말한다.

② 기밀성은 가장 전통적인 보안의 목적이다.

③ 기밀성은 정보가 생성, 저장, 처리 및 전송되는 모든 과정에서 유지되어야 한다.

④ 기밀성을 위해하는 요소로는 IP스푸핑, 부정변경, 트로이 목마 등이 있다.

3. 정보보호의 구성요소 중 무결성에 대한 설명으로 적절하지 않은 것은?

① 무결성은 정보 또는 시스템이 적절한 허가(승인)없이 변경되지 않는 것을 말한다.

② 무결성은 정보의 진정성(Authenticity), 정확성(Accuracy), 완전성(Completeness), 일관성(Consistency)를 포함한다.

③ 무결성을 보장하기 위한 통제대책으로는 암호화, 접근통제, 보안스크린 등이 있다.

④ 무결성을 위해하는 요소로는 IP스푸핑, 부정변경, 트로이 목마 등이 있다.

4. 정보보호의 구성요소 중 가용성에 대한 설명으로 적절하지 않은 것은?

① 가용성은 허가되지 않은 시스템 사용, 정보의 삭제, 서비스에 대한 거부 등이 이루어지지 않는 것을 말한다.

② 가용성은 정보의 신뢰성(Reliability), 유지보수성(Maintainability)를 포함한다.

③ 가용성을 보장하기 위한 통제대책으로는 암호화, 접근통제, 보안스크린 등이 있다.

④ 가용성을 위해하는 요소로는 DoS공격, 버퍼오버플로 공격 등이 있다.

5. 정보보호의 구성요소 중 책임추적성에 대한 설명으로 적절하지 않은 것은?

① 책임추적성은 행위의 주체를 고유하게 식별하고, 행위를 추적하며 행위를 재구성할 수 있는 것을 말한다.

② 책임추적성은 신뢰성(Reliability), 유지보수성(Maintainability) 등을 지원한다.

③ 책임추적성을 보장하기 위한 통제대책으로는 감사증적 유지, 보안정책 등이 있다.

④ 책임추적성을 위해하는 요소로는 로그 유지 미흡, 로그변조 및 삭제, 공용계정사용 등이 있다.

6. 정보보호의 구성요소 중 보증성에 대한 설명으로 적절하지 않은 것은?

① 보증성은 정보보호에 대한 신뢰, 확신 등을 가질 수 있는 것을 말한다.

② 보증성은 지속적인 감시와 주기적인 검토를 통해서 획득 가능하다.

③ 보증성을 보장하기 위한 통제대책으로는 독립적 검토와 감시, 주기적인 위험분석, 주기적인 취약점 진단 및 평가 등이 있다.

④ 보증성을 위해하는 요소로는 IP스푸핑, 부정변경, 트로이 목마 등이 있다.

7. 정보보호 관리의 핵심요소 중 하나인 경영진의 참여와 관련된 설명 중 적절하지 않은 것은?

① 정보보호를 위한 관리 프로그램이 성공적으로 수립되고 존속되기 위해서는 최고 경영진의 참여와 지원이 필수적이다.

② 최고 경영진은 공식적인 보안의식 제고 프로그램 및 훈련을 승인하고 지원함으로써 정보보호에 대한 의지를 보여주어야 한다.

③ 성공적인 정보보호 관리를 위해서는 조직 구성원들이 적극 참여하는 Bottom-Up방식이 유리하다.

④ 경영진은 정보보호를 위해 정당한 주의와 실사의 의무를 가진다.

8. 정보보호 투자 기법 중 기준선(Baseline)접근법에 대한 설명으로 적절하지 못한 것은?

① 자산을 일정 등급으로 나누고 등급에 따라 적용 기준에 차이를 두는 방식이다.

② 자산 가치에 무관하게 동일한 기준을 적용한다.

③ 동일한 기준을 적용하므로 적용이 용이하다.

④ 자산의 가치에 비해 보안수준이 지나치게 높거나 낮아질 수 있다.

9. 정보보호 투자 기법 중 가치기반 접근법에 대한 설명으로 적절하지 못한 것은?

① 자산가치에 무관하게 동일한 기준을 적용하는 방식이다.

② 위험기반 접근법이라고도 한다.

③ 적용해야할 기준이 많이 복잡하며 실무 적용이 어려운 단점이 있다.

④ 자산의 가치와 위험에 따라 차등적으로 적용하여야 한다.

10. 프라이버시 영향평가에 대한 설명으로 가장 적절하지 않은 것은?

① 프라이버시 영향평가는, 신규개발 또는 현재 운영중인 정보

시스템 등이 기본적인 프라이버시 요구사항을 만족시키고 있
는지 확인하는 과정을 말한다.

② PIA를 통해 경영진이 프라이버시에 대한 위험과 이를 대응하
기 위한 대책 수립 등 의사결정을 지원한다.

③ PIA를 통해 조직이 관리해야할 개인정보의 양을 증가시킬 수
있다.

④ 개인정보의 흐름에 대해 문서화하여 제시됨으로 향후 프라이
버시 준수 여부 등에 대한 확인 및 점검 등에 효과적이다.

11. 접근대상 또는 접근통제시스템에서 주체의 신분을 검증하는 행
위를 말하는 인증의 방식에 대한 설명으로 적절하지 않은 것은?

① 지식기반인증은 주체가 알고 있는 정보를 기반으로 한 인증으
로 패스워드가 대표적인 방식이다.

② 소유기반인증은 주체가 가지고 있는 것을 기반으로 한 인증으
로 스마트토큰 등이 대표적인 방식이다.

③ 존재기반인증은 주체가 위치한 곳을 기반으로 한 인증으로 IP
등이 대표적인 방식이다.

④ 행위기반인증은 주체의 행동이나 습관을 기반으로 한 인증으
로 서명 등이 대표적인 방식이다.

12. 생체인증 기술이 가져야할 조건에 대한 설명으로 적절하지 않은 것은?

　① 보편성은 모든 대상자들이 보편적으로 지니고 있어야 하는 것을 말한다.

　② 유일성은 개개인별로 특징이 명확하게 구별되어야 한다는 것을 말한다.

　③ 지속성은 발생된 특징이 지속적이고 영구적이어야 한다는 것을 말한다.

　④ 수용성은 개인의 확인과 인식이 우수하여야 한다는 것을 말한다.

13. 생체인증의 정확도를 나타내는 척도 중 FRR에 대한 설명으로 적절하지 않은 것은?

　① 정당한 사용자 인증 요청에 대한 인증 실패하는 오류의 비율을 말한다.

　② 1종 오류 또는 위양성(False positive)오류라고 한다.

　③ 낮을수록 사용자의 편의성은 높아진다.

　④ 높을수록 인증의 강도 즉 보안성은 높아진다.

14. 생체인증의 정확도를 나타내는 척도 중 FAR에 대한 설명으로 적절하지 않은 것은?

① 정당하지 않은 사용자 인증 요청에 대해 인증 성공하는 오류의 비율을 말한다.

② 2종 오류라고 한다.

③ 위음성(False negative)오류라고 한다.

④ 높을수록 인증의 강도 즉 보안성은 높아진다.

15. 생체인증의 정확도를 나타내는 척도 중 EER에 대한 설명으로 적절한 것은?

① FRR이 FAR보다 커질 때의 오류 비율을 말한다.

② CER(Cross-over Error Rate)라고 한다.

③ 일반적으로 ERR(or CER)이 높은 제품이 좋은 제품이다.

④ 높을수록 사용자 편의성도 좋고, 보안강도도 양호하다.

16. 사용자 인증을 통해 접근을 승인하고 권한을 부여할 때의 특성에 대한 설명으로 가장 적절하지 않은 것은?

① 승인을 통한 접근권한 부여 원칙은 기본적으로 접근불가에서 시작하여야 한다.

② 할 필요성(need to do)와 알 필요성(need to know)에 따라 부여하

여야 한다.

③ 권한 부여는 최소 권한(least privilege)으로 부여해야 한다.

④ 일반적으로 응용시스템에 대한 사용자 권한은 읽기 전용(read only)이다.

17. 자기복제 기능이 없고 네트워크 등을 통한 전파는 이루어지지 않지만 내부 정보의 유출이나 공격을 위한 에이전트의 역할을 수행하게 하는 악성코드는 어느 것인가?

① 바이러스

② 웜

③ 스파이웨어

④ 트로이 목마

18. 감사인 홍길동은 주식회사 ABC의 정보처리시설을 감사하고 있다. 주식회사 ABC의 전산실 출입 통제 기록을 확인하는 중 최근 전산실 내 에어컨 수리를 위해 수리기사가 방문한 것을 확인했다. 다음 설명 중 가장 올바른 대책은 어느 것인가?

① CCTV를 통해서 에어컨 수리기사의 활동을 감시하였다.

② 생체인증을 통하여 출입에 대한 승인을 하고, 출입기록을 남겼다.

③ 에어컨 수리기사의 신원을 확인하여 출입을 허용하였다.

④ 전산실 내 작업 시 내부 직원이 동행하였다.

19. 감사인 홍길동은 주식회사 ABC의 정보처리시설을 감사하고 있다. 주식회사 ABC의 정보처리시설 현황 중 가장 적절하지 않은 것은?

① 정보처리시설은 침수 피해를 방지하기 위해 바닥은 일정 간격 이격(약 30센티 이상)하였다.

② 조명과 환기를 위해 달 천장(dropped ceiling)설치 시, 천장과 달 사이에 화재경보기 설치하였다.

③ 정보처리시설 내 온도는 21~23도, 습도는 40~60%가 유지되도록 통제하고 있다.

④ 정보처리시설의 내부를 내벽을 이용하여 구역으로 나누었고, 내벽은 화재 확산과 침입방지를 위해 바닥에서 달 철장까지 연결하였다.

20. 감사인 홍길동은 주식회사 ABC의 정보처리시설을 감사하고 있다. 주식회사 ABC가 노이즈에 대한 대책으로 적용한 것 중 적절하지 않은 것은?

① 차폐된 전력선을 사용하고 있다.

② Power line conditioner를 사용하고 있다.

③ 서지보호기와 정전압유지장치를 사용하고 있다.

④ 적절한 거리를 유지하고 있다.

21. 감사인 홍길동은 주식회사 ABC의 정보처리시설을 감사하고 있다. 주식회사 ABC가 전기 품질 확보를 위한 대비 설비로 UPS를 사용하고 있다. UPS 사용의 가장 주된 목적은 무엇인가?

① 노이즈에 의한 전력의 품질 저하를 예방한다.

② 장기간 정전 시를 시스템의 지속적 사용을 가능하게 한다.

③ 순간적인 전압 상승 시 회로를 차단하여 과도한 전력이 흘러가지 않게 한다.

④ 정전 시 시스템을 안전하게 셧 다운 시킬 수 있도록 시간을 벌어준다.

22. 감사인 홍길동은 주식회사 ABC의 정보처리시설을 감사하고 있다. 주식회사 ABC가 화재 진압방법으로 할론가스를 사용하고 있다. 할론가스를 사용하는 것에 대한 설명으로 가장 적절한 것은?

① 화재의 3요소 중 하나인 산소 공급을 차단하여 화재를 진압한다.

② CO2와 다르게 인체에 무해한 방식이다.

③ 장비에 손상을 주는 방식으로 사용이 제한되고 있다.

④ 다운타임을 최소화해주는 방식이다.

1. 정답 : 2

   ※ 정보보호는 정보가 생성되어 소멸되기까지의 과정 전반에 걸쳐, 기밀성, 무결성, 가용성을 확보하는 것으로, 시스템과 적용 환경 등에 따라 목적(기밀성, 무결성, 가용성) 중 하나가 다른 목적들보다 우선할 수 있다.

2. 정답 : 4

   ※ 기밀성을 위해하는 요소로는 도청, 스니핑, 훔쳐보기 등이 있다. IP스푸핑, 부정변경, 트로이 목마 등은 무결성을 위해하는 요소이다.

3. 정답 : 3

   ※ 무결성을 보장하기 위한 통제대책으로는 접근통제, 사용자 인증, 메시지 원천 증명, 해시값 비교 등이 있다. 암호화, 접근통제, 보안스크린 등은 기밀성 보장위한 통제 대책이다.

4. 정답 : 3

※ 무결성을 보장하기 위한 통제대책으로는 이중화, 고장감내 설계, 백업, BCP/DRP 등이 있다. 암호화, 접근통제, 보안스크린 등은 기밀성 보장위한 통제 대책이다.

5. 정답 : 3

※ 책임추적성은 부인방지(Non-repudiation), 문제관리, 침입예방/억제/탐지, 복구, 소송 등을 지원한다. 신뢰성(Reliability), 유지보수성(Maintainability) 등은 가용성에 해당하는 내용이다.

6. 정답 : 4

※ 보증성을 위해하는 요소로는 표준 및 규정의 위반, 기술의 발전, 법률의 변화 등이 있다. IP스푸핑, 부정변경, 트로이 목마 등은 무결성을 위해하는 요소이다.

7. 정답 : 3

※ 성공적인 정보보호 관리를 위해서는 Top-Down방식이 유리하다.

8. 정답 : 1

※ 자산을 일정 등급으로 나누고 등급에 따라 적용 기준에 차이를

두는 방식은 자산등급에 따른 접근법이다.

9. 정답 : 1

※ 자산가치에 무관하게 동일한 기준을 적용하는 방식은 기준선
(Baseline)접근법이다.

10. 정답 : 3

※ PIA를 통해 불필요한 개인정보의 수집 및 보관을 막아 조직이
관리해야할 개인정보의 양을 감소시킬 수 있다.

11. 정답 : 3

※ 존재기반인증(Something you are)은 주체의 개인적 특성을 기반
으로 한 인증으로, 홍채, 지문, 안면 등이 대표적인 방식이다.

12. 정답 : 4

※ 생체인증 기술이 가져야할 조건은 보편성, 유일성, 지속성, 성
능, 수용성이다.
성능은 개인의 확인과 인식이 우수하여야 한다는 것이며, 수용
성은 해당 생체인증 기술에 대해 사용자들이 거부감이 없어야
한다는 것을 말한다.

13. 정답 : 4

※ FRR(False Rejection Rate)이 높을수록 인증의 강도 즉 보안성은 높아지는 것은 아니다.

14. 정답 : 4

※ FAR(False Acceptance Rate)은 낮을수록 인증의 강도 즉 보안성은 높아진다.

15. 정답 : 2

※ EER(Equal Error Rate)은 FRR과 FAR이 같을 때의 오류 비율로서, CER(Cross-over Error Rate)라고 하며, 일반적으로 ERR(or CER)이 낮은 제품이 좋은 제품을 말한다.

16. 정답 : 4

※ 일반적으로 응용시스템에 대한 사용자 권한은 실행 전용(execute only)이며, 읽기 전용(read only)은 데이터에 대한 가장 낮은 권한이다.

17. 정답 : 4

※ 바이러스, 웜, 트로이목마 비교

구분	바이러스	웜	트로이목마
자기복제	O	O	X
숙주필요	O	X	X
전파방법	감염파일 실행	스스로 감염대상을 검색하여 전파	전파되지 않음
전파대상	파일 및 부트섹트	네트워크 전체	전파되지 않음
주요행위	데이터파괴, 네트워크 마비 등	데이터파괴, 네트워크 마비 등	정보유출, 컴퓨터 제어(공격 위한 에이전트역할) 등

18. 정답 : 4

※ 전산실 등 주요 시설로 들어온 외부인원에 대한 통제로서 가장 확실한 방법은 내부 직원에 의한 동행(Escort)이다.

19. 정답 : 4

※ 정보처리시설의 내부를 다수의 구역을 나누는 경우, 내벽은 바닥에서 달천장이 아니라 실제 천장까지 연결하여야 한다.

20. 정답 : 3

※ 노이즈는 전기 공급선을 통해 흐르는 높은 주파수 신호로 다른 기기나 컴퓨터 등의 시스템에 영향을 주는 것으로 모터나 전등

등에 의해서 발생하며, 크게 전자기파 간섭(EMI)와 무선주파수 간섭(RFI)로 구분할 수 있다. 노이즈에 대한 대책으로는 적절한 거리 유지, 차폐, 전력 컨디셔너 사용, 접지 등을 들수 있다. 서지보호기와 정전압유지장치는 불안정한 전력공급에 대한 대응책으로 노이즈를 완화시키거나 대응하지는 못한다.

21. 정답 : 4

※ UPS(무정전전원공급장치)는 정전 시 기기에 지속적인 전력을 공급하게 해주는 대용량 배터리로서, 일반적인 지속시간이 30분정도이다. 따라서 UPS를 사용하여 기기의 지속적인 정보처리를 하는 것은 무리이며, UPS는 갑작스러운 정전 시 기기를 안전하게 셧다운 시킬 수 있는 시간을 보장해주는 것이 가장 큰 이용 목적이다.

22. 정답 : 4

※ 화재 진압 물질 중, 할론 가스는 화학반응을 억제하여 화재를 진압한다. 할론가스는 화재 진압 후 잔류물질이 남지 않고 전도성도 없어, 화재 진압 후 즉시 업무 재개하는데 아주 유리한 물질로서 다운타임이 최소화된다는 장점이 있다. 그러나, 할론가스는 오존층을 파괴하는 물질로서 사용이 제한되어 있으며, 인체에도 유해하여 폐쇄공간에 다량 사용이 좋지 않다.

앞의 수준확인 문제의 정답 수를 기준으로 보충학습자료의 내용을 다음과 같이 학습할 것을 권고한다.

정답 수	학습 가이드
18문제 이상	아래 보충학습 자료 내의 이론 설명 내용을 빠르게 읽으며 주요 개념 환기한다.
11~17문제	아래 보충학습 자료 내의 이론 설명 내용을 자신의 스타일로 요약정리하며 학습 권고한다.
10문제 이하	이론 설명 내용을 최초 2~3회 이상 정독하여야 하며, 필요한 경우 본 책에서 설명된 주요 개념 등에 대해 추가적인 상세 자료를 통해 꼼꼼하게 학습하기를 권고한다.

1. 정보보호의 개념

1) 정보보호(Information Security)란, 정보가 생성되어 소멸되기까지의 과정 전반에 걸쳐, 기밀성, 무결성, 가용성을 확보하는 것이다.

2) 정보보호 거버넌스는 조직이 정보보호를 지휘하고 감독하며 평가하는데 사용하는 일련의 기준이나 절차로서, 정보보호 거버넌스를 바탕으로 조직은 정보보호 관리를 수행한다.

3) 정보보호 프로그램은 정보보호 관리의 목적을 달성하기 위해 조직이 사용하는 수단, 기법, 대책, 자원, 절차, 실무 등으로 정보보호관리체계(ISMS)라고도 한다.

4) 정보보호 구성의 5가지 요소는 기밀성, 무결성, 가용성, 책임추적성, 보증성이다.

5) 정보보호 관리의 핵심요소(성공요소)는 다음과 같다.

- 정보보호를 위한 관리 프로그램이 성공적으로 수립되고 존속되기 위해서는 최고 경영진의 참여와 지원이 필수적이며,

Top-Down방식이 유리

- 정보보호정책은 조직의 정보보호와 관련하여 경영진에 의해 생성된 상위수준의 원칙으로 문서화되어 있어야 함

- 조직의 정보보호에 대한 궁극적 책임은 경영진에게 있으며, 정보보호에 대한 모든 책임은 정의되고 문서화되어야 함

- 정보보호 인식제고의 목적은 정보보호의 목표, 전략, 정책, 필요성, 관련책임과 역할 등에 대해서 임직원, 파트너 및 공급자에게 설명하고, 정보보호에 대한 의식을 고취시키는 것으로 각종 정보보호관련 사고를 예방하기 위한 가장 효과적인 방법 중 하나

- 정보보호관련 투자를 위한 접근법으로는 기준선접근법, 가치기반접근법, 자산등급에 따른 접근법이 있음

- 정보보호에 대한 지속적 위험평가가 필요함

- 정보보호관련 사고 발생 시 피해를 최소화하고 신속한 복구 등을 위한 공식적인 사고 대응 능력을 갖추어야 함

6) 프라이버시 영향평가는, 신규개발 또는 현재 운영중인 정보시스템 등이 기본적인 프라이버시 요구사항을 만족시키고 있는지 확인하는 과정을 말한다.

7) PIA(개인정보영향평가)를 통해 불필요한 개인정보의 수집 및 보관을 막아 조직이 관리해야할 개인정보의 양을 감소시킨다.

2. 논리적 접근통제

1) 정보보호의 3요소(기밀성, 무결성, 가용성)을 위협하는 요소들로부터 정보자산에 대해 보호하기 위한 방법의 하나로 접근통제가 있다.

2) 접근통제 소프트웨어 (ACS, Access Control Software)는 논리적 접근통제를 위한 접근통제시스템으로서, 주체와 객체사이의 모든 접근을 중재하고 감시하며 기록하며, 사용자 인증, 접근제한, 접근권한부여 등 역할 수행하며, 정보자산에 대한 기밀성, 무결성, 가용성을 보장한다.

3) 식별이란 정보(객체)에 접근하고자하는 주체가 접근대상(접근통제시스템)에 자신을 밝히는 행위를 말하며, 사용자 ID 또는 사용자 계정명 등이 있다.

4) 인증이란 접근대상 또는 접근통제시스템에서 주체의 신분을

검증하는 행위를 말한다.

5) 인증은 지식기반, 소유기반, 존재기반으로 구분할 수 있으며, 다중인증체계는 다른 인증방식을 병행하여 인증의 강도를 높이는 방식을 말한다.

6) 생체인증 기술이 가져야할 5가지 조건은 보편성, 유일성, 지속성, 성능, 수용성이다.

구분	설명
보편성 (university)	모든 대상자들이 보편적으로 지니고 있어야 함
유일성 (uniqueness)	개개인별로 특징이 명확하게 구별되어야 함
지속성 (permanence)	발생된 특징이 지속적이고 영구적이어야 함
성능 (performance)	개인의 확인과 인식이 우수하여야 함
수용성 (acceptance)	사용자들이 거부감이 없어야 함

7) 생체인증의 정확도를 나타내는 척도는 FRR(False Rejection Rate), FAR(False Acceptance Rate), EER(Equal Error Rate)이 있다.

구분	설명
FRR (False Rejection Rate)	정당한 사용자 인증 요청에 대한 인증 실패하는 오류의 비율 1종 오류 또는 위양성(False positive)오류라고 함 낮을수록 사용자의 편의성은 높아짐
FAR (False Acceptance Rate)	정당하지 않은 사용자 인증 요청에 대해 인증 성공하는 오류의 비율 2종 오류 또는 위음성(False negative)오류라고 함 낮을수록 인증의 강도(보안성)가 높아짐
EER (Equal Error Rate)	FRR과 FAR이 같을 때의 오류 비율 CER(Cross-over Error Rate)라고 함 일반적으로 ERR(or CER)이 낮은 제품이 좋은 제품
비고	

8) 승인을 통한 접근권한 부여 원칙은 기본적으로 접근불가에서
시작하여야 하며, 해야 할 필요성(need to do)와 알 필요성(need
to know)에 따라 부여해야 하고, 최소 권한(least privilege)으로 부
여하여야 한다.

9) 책임추적을 위해 인증과 승인을 거친 사용자라도 모든 행위에 대해서는 기록하고 감시해야 한다.

3. 물리적/환경적 접근통제

1) 물리적 접근통제란 기업의 자원 및 중요한 정보를 보호하기 위한 물리적 수단으로써, 안전한 시설의 선정, 인가받지 않은 접근이나 도난에 대비한 보호시설 및 사람, 시설, 자원을 보호하기 위해 필요한 환경적 제어와 관련된 보호대책 등을 말한다.

2) 물리적 통제와 관련된 위협으로는 승인받지 않은 물리적 접근, 승인받은 접근에 대해서 승인받은 권한 밖의 행위 등 다양한 위험이 존재하고 이에 대해서 적절히 통제하여야 한다.

3) 피기백킹은 접근권한이 없는 사람이 정당한 사용자 뒤를 따라서 들어가는 행위로서, 맨트립, 턴스틸, 회전문, CCTV 등을 통해 대응이 가능하다.

4) 환경적 통제란, 정보처리시설(IPF)의 성능에 영향을 주는 모든 환경요소들에 대해 적절히 통제를 하는 것을 말한다.

5) 시설의 위치 선정 시, 과거 자연재해가 발생 이력 검토를 통해 홍수, 지진 등에 취약한 곳은 제외하여야 한다.

6) 정보처리시설은 침수나 화재 등의 피해 예방을 위해 건물 지하 나 꼭대기 층은 피하는 것이 좋으며, 바닥은 일정 간격 이격(약 30센티 이상)하여야 한다.

7) 정보처리시설의 내부를 다수의 구역을 나누는 경우, 내벽은 바 닥에서 천장까지 연결하여야 한다.

8) 전력과 관련된 불안정 유형으로는 과전력(스파크, 서지), 저전력 (새그, 브라운아웃), 전력공급중단(폴트, 블랙아웃)이 있다.

9) 무정전전원공급장치(UPS)는 정전 시 시스템을 안전하게 셧 다 운 시킬 수 있는 시간을 가지도록 하는게 주 목적인 장치이다.

10) 화재 발생 시 가장 중요한 것인 인명을 보호하는 것이다.

제2절 네트워크 보안 및 암호화

1. 패킷 가로채기 공격이라고도 하며, 네트워크 상에 떠돌아다니는 패킷이나 데이터 등을 훔쳐보는 것을 무엇이라고 하는가?

   ① 스니핑

   ② 스누핑

   ③ 스푸핑

   ④ 스몰핑

2. LAN환경에서의 보안과 관련된 설명으로 가장 적절하지 않은 것은?

   ① LAN환경에서의 일반적 보안 위험요소로는 비인가된 변경으로 인한 무결성 손상, 바이러스 감염 등이 있다.

   ② 스니핑은 네트워크 상에 떠돌아다니는 패킷이나 데이터 등을 훔쳐보는 것으로 소극적 공격에 해당한다.

③ 스푸핑은 스니핑과 유사한 단어이나, 네트워크 상의 정보를 염탐하여 불법적으로 획득하는 것으로 적극적인 공격에 해당한다.

④ LAN환경에서의 보안 위험을 대응하기 위한 방법 중 하나가 최소 권한(least privilege)원칙에 따른 접근 권한 부여이다.

3. 가상화와 관련된 설명으로 가장 적절하지 않은 것은?

① 하나의 물리적 자원을 여러 개의 논리적 자원으로 분할하는 기술이다.

② 서버 구축 및 유지보수 비용을 절감시켜준다.

③ 고장에 강하므로 안정적인 운영이 가능하다.

④ 통제 부적절한 경우 데이터 유출 등의 문제가 있을 수 있다.

4. 무선의 경우 유선에 비해 도청의 위험이 크며 승인받지 않은 접근의 경로가 될 수 있다. 이런 무선 환경의 보안 요구사항 중 메시지의 내용이 전송 중 변경되지 않았음을 제3자가 검증할 수 있어야 하는 것을 무엇이라 하는가?

① 인증성

② 기밀성

③ 부인봉쇄

④ 책임추적성

5. 소극적 공격에 대한 설명으로 적절한 것은?

　①능동적 공격이라고도 한다.

　②시스템의 무결성과 가용성 등을 파괴하는 공격이다.

　③도청, 트래픽 분석, 네트워크 분석 등이 대표적 공격이다.

　④대응책으로는 방화벽, IDS/IPS, VPN, 백신 등이 있다.

6. 인터넷 환경에서의 위험요소들과 관련된 설명으로 가장 적절하지
　않은 것은?

　①CGI는 서버 프로그램과 외부 프로그램과의 연계 인터페이스
　　로서, 서버 내부 정보 유출이나 악의적 코드 실행에 악용 될 수
　　있다.

　②Active-X는 서버에서 클라이언트로 다운로드 되어 클라이언
　　트에서 실행되므로, 악의적 코드가 포함될 경우 클라이언트에
　　큰 위험이 될 수 있다.

　③Cookie는 사용자가 특정 사이트를 재방문할 때 해당 사용자를
　　구별할 수 있도록 사용하며, Cookie유출에 따른 정보 노출의
　　위험이 발생한다.

　④P2P는 인터넷을 통한 신속한 정보 공유 및 업무에 활용되며,
　　악성코드의 감염, 도청 등의 위험이 있어 폐쇄형으로 사용하는
　　것이 필요하다.

7. 사용자의 웹 사이트 방문 내역, 사용자 ID, IP주소, 상품구매 내역 등의 정보를 담고 있는 4KB이하의 텍스트 파일을 무엇이라고 하는가?

① CGI

② 액티브엑스

③ 인증서

④ Cookie

8. 특정기업이나 기관을 타깃으로 한 공격인 APT공격에 관련된 설명으로 가장 적절하지 않은 것은?

① 장기간에 걸쳐 목적이 달성될 때까지 반복적으로 공격한다.

② 공격에 저항(대응)하기 위한 상대의 노력에 적응하면서 공격한다.

③ 목적 달성에 필요한 상호 작용 수준을 유지하며 관리한다.

④ 특정 대상을 타깃으로 한 공격이므로 방어가 불가능하다.

9. VoIP에 대한 설명으로 적절하지 않은 것은?

① IP주소를 기반으로 한 종단간의 채널 설정을 통해 음성신호를 압축(IP패킷화)하여 전달하는 기술을 말한다.

② 통신비용이 일반회선과 비교 시 급격하게 절감된다.

③ 지연전달이나 속도 저하에 따른 QoS(Quality of Service, 서비스품질)이 저하된다.

④ 프리커(phreaker)들의 주요 공격대상이 된다.

10. 암호화와 관련된 설명으로 가장 적절하지 않은 것은?

① 암호화란 평문을 암호문으로 바꾸는 수학적 연산과정을 말하며, 자체로 개발한 암호화 알고리즘이 더 안전하다.

② 복호화란 암호화의 반대로 암호문을 평문으로 바꾸는 수학적 연산과정을 말한다.

③ 키란 평문 또는 암호문과 함께 암호화, 복호화에 사용되는 일련의 정보를 말하며, 길이가 길수록 안전하나 암호화 속도는 느려진다.

④ 일방향 암호화란, 평문에서 암호문을 만드는 것은 가능하나, 암호문에서 평문은 만들 수 없는 암호화 방식을 말한다.

11. 암호에서 사용되는 키(key)에 대한 설명으로 적절하지 않은 것은?

① 평문 또는 암호문과 함께 암호화, 복호화에 사용되는 일련의 정보를 말한다.

② 암호의 안전성은 키(key)의 비밀성에 달려 있다.

③ 키와 관련된 정보(예: 키의 길이, 알고리즘 등)는 일체 공개되어서는 안된다.

④ 키의 길이가 길수록 안전성은 증가하나 속도는 느려진다.

12. 암호화의 목적에 해당되지 않는 것은?

    ① 기밀성

    ② 무결성

    ③ 가용성

    ④ 부인방지

13. 대칭키 암호화 방식에 대한 설명으로 가장 적절하지 않은 것은?

    ① 쌍방향 암호화 방식의 한 종류이다.

    ② private key를 사용하는 암호화 방식이다.

    ③ 키관리가 복잡하고 어렵다.

    ④ DES, AES, IDEA 등이 대표적인 예이다.

14. 비대칭키 암호화 방식에 대한 설명으로 적절하지 않은 것은?

    ① 공개키(Public Key) 암호화 방식이다.

    ② 비대칭키 방식을 사용하기 위해서는 키 쌍이 필요하다.

    ③ 속도가 빨라 대용량 데이터 암호화에 적합하다.

    ④ 기밀성외에도 부인방지를 제공한다.

15. 비대칭키 암호화 방식에서 송신자 인증을 위해 복호화 시 사용하는 키는 어느 것인가?

① 수신자의 공개키

② 수신자의 개인키

③ 송신자의 공개키

④ 송신자의 개인키

16. 일방향 암호화 방식에 대한 설명으로 가장 적절하지 않은 것은?

① 암호문에서 평문은 만들 수 없는 암호화 방식을 말한다.

② 키를 사용하지 않으면서 가변길이의 메시지를 고정 길이의 비트열로 압축한다.

③ MD5, SHA-1, SHA-2 등이 있다.

④ 서로 다른 입력값에 대해 동일한 해시값이 나오게 된다.

17. 사전에 송신자와 수신자가 비밀키를 공유하지 않고도 메시지를 안전하게 전달하는 기술을 무엇이라고 하는가?

① 전자지갑

② 전자서명

③ 전자봉투

④ 전자결제

18. 전자서명의 주요 활용 용도 및 목적에 대한 설명으로 가장 적절하지 않은 것은?

① 해시 값 비교를 통해 데이터의 무결성을 검증한다.

② 메시지를 보낸 사람이 송신자가 유일함을 검증할 수 있다.

③ 송신자 및 수신자의 메시지 송수신 사실을 부인할 수 없게 한다.

④ 전자서명을 다른 거래나 메시지에 재사용할 수 없다.

19. 암호화 프로토콜들에 대한 설명으로 가장 적절하지 않은 것은?

① SSH는 응용계층에서 동작하는 프로토콜로서, 안전한 명령 라인 쉘 세션을 연결한다.

② SSL은 클라이언트 서버간의 상호 인증, 데이터암호화, 무결성 검사, 세션 감시 등을 수행한다.

③ 웹사이트 접속하면 url이 https://로 시작되면 HTTP를 SSL 또는 TLS를 기반으로 실행하는 것이다.

④ S/MIME은 네트워크 계층에서 동작하며, 전송모드와 터널모드로 나눌 수 있다.

20. 신뢰할 수 있는 제3자, 일명 공인기관이 공개키의 진정성을 보장해주는 기반구조를 무엇이라고 하는가?

① PKI

② KPI

③ 암호화

④ 복호화

21. 공개키 기반 구조에 대한 설명으로 적절하지 않은 것은?

① 모르는 사람과의 비밀통신을 가능하게 해주는 암호키와 인증
서를 배달해주는 시스템이다.

② 공개키 인증서를 발행하고 그에 대한 접근을 제공하는 인증서
관리기반 구조이다.

③ 공개키 인증서에는 공개키의 소유자 및 공개키를 식별하고 검
증하기 위한 정보가 포함되어 있다.

④ 공개키 인증서에 포함된 정보로는 소유자 이름, 일련번호, 개
인키 등이 있다.

22. PKI구성 요소 중 유효성을 상실한 공개키의 인증서를 관리하는
디렉토리를 무엇이라 하는가?

① CA

② RA

③ CRL

④ CPS

23. 감사인 홍길동이 논리적 접근통제에 대한 감사를 수행하면서 발견한 다음 사항 중, 책임추적성을 저해하는 사항이 아닌 것은?

① 일부 운영자가 하나의 계정을 공유하여 사용하고 있다.

② 사용자들의 행위기록을 웜디스크에 저장하여 백업하고 있다.

③ 시스템 운영자가 로그온 정보를 동료에게 알려주는 경우가 있다.

④ 직무가 변경되거나 퇴사한 직원은 1주일 이내에 권한을 삭제하고 있다.

24. 한 기업의 환경 및 물리적 접근통제에 대한 감사항목으로 관련성이 가장 낮은 것은?

① 공조설비는 실내의 온도와 습도를 적절히 유지하고 있는가?

② 정전 시 대응할 수 있는 시설과 장비를 확보하고 있는가?

③ 사용자 ID는 개별적으로 부여되어 책임추적성을 확보하고 있는가?

④ 수재 피해를 방지하기 위한 대책(바닥이격, 수분감지기 등)이 있는가?

25. 해킹 도구에 대한 설명으로 적절하지 않은 것은?

① 네트워크 스캐닝(Nmap)도구는 사용중인 서비스가 무엇인지

확인하기 위해 사용한다.

② 취약점 스캐닝 도구는 취약점을 찾아서 악용하기 위해서 사용한다.

③ 패스워크 크래킹 도구는 패스워드를 파괴시키기 위해 사용한다.

④ 워드라이빙은 무선 AP를 해킹하여 도청하기 위해 사용한다.

26. 침투테스트에 대한 설명으로 적절하지 않은 것은?

① 시스템 등에 대한 공격에 대한 저항력을 테스트하기 위해 실시한다.

② 블라인드 시험은 공격팀에게 최소한의 정보만 제공하고, 보안관리자 및 운영직원도 시험(테스트)의 수행여부를 모르는 상태에서 실시하는 시험이다.

③ 내부 소통의 문제로 인해 테스트가 적절히 수행되지 않아, 테스트 목적이 달성되지 않을 수 있다.

④ 테스트를 통해 심각한 취약점을 발견하는데 실패할 수 있다.

1. 정답 : 1

※ 스누핑은 스니핑과 유사한 단어이나, 네트워크 상의 정보를 염탐하여 불법적으로 획득하는 것으로 소극적인 공격에 해당하며, 스푸핑은 네트워크 트래픽 흐름을 임의로 변경하기, 시스템 권한 탈취하기 등의 공격으로 적극적 공격에 해당한다. 스몰핑이라는 공격은 없다.

2. 정답 : 3

※ 스푸핑은 네트워크 트래픽 흐름을 임의로 변경하기, 시스템 권한 탈취하기 등의 공격으로 적극적 공격에 해당한다. 이에 비해 스누핑은 스니핑과 유사한 단어이나, 네트워크 상의 정보를 염탐하여 불법적으로 획득하는 것으로 소극적인 공격에 해당한다.

3. 정답 : 3

※ 가상화의 단점 중 하나는 가상화된 호스트가 고장의 단일지점이 될 수 있다는 것이다.

4. 정답 : 1

※ 메시지의 내용이 전송 중 변경되지 않았음을 제3자가 검증할
수 있어야하는 것을 인증성이라 한다.

5. 정답 : 3

※ 소극적 공격은 수동적 공격이라고도 하며, 공격대상에 대한 광
범위한 정보를 수집하는 것으로 도청, 트래픽 분석, 네트워크 분
석 등이 대표적 공격방식이다. 이러한 소극적 공격에 대한 대비
로는 암호화, 시스템 내 불필요 서비스 및 정보 제거 등이 있다.

6. 정답 : 4

※ P2P(Peer to Peer)는 사용자 컴퓨터들이 서로 작업을 공유하는
컴퓨팅 모델로서, 대부분 토렌토 프로그램을 사용하여 사용자
간 파일 공유에 사용하며, 악성코드 감염, 저작권 위반, 스니핑,
스푸핑 등의 위험이 있다. 인터넷을 통한 신속한 정보 공유 및
업무에 활용되며, 악성코드의 감염, 도청 등의 위험이 있어 폐
쇄형으로 사용하는 것이 필요한 것은 인스턴트 메세징(IM, Insta
nt Messaging)에 대한 설명이다.

7. 정답 : 4

8. 정답 : 4

※ 지능형 지속 공격(Advanced Persistent Threat)은 특정 기업이나 기관을 목표로 하여 장시간의 지속적인 해킹을 감행하는 공격 기법으로, 장시간에 걸쳐 목적이 달성될때까지 공격하며, 기존의 정보보호를 위한 방어기법들에 대해 우회를 하여 공격하는 기법이다. APT공격에 대한 대응으로는 보안SW를 수시로 업데이트하고, 의심스러운 메일 등 열지않고, 실시간 악성코드 감시 등과 같은 방법 등이 있다.

9. 정답 : 4

※ 전화망에 대한 공격을 하여 공격자의 전화요금을 가입자에게 부담시키는 것을 프리킹(phreaking)이라하고, 이러한 공격자를 프리커(phreaker)라 한다. VoIP에서도 부당하게 서비스를 이용하는 형태의 위험은 존재하나, 정확한 의미에서의 프리킹(phreaking) 및 프리커(phreaker)에 대한 부분은 PBX(사설교환기)에서의 주요 위험사항에 해당된다.

10. 정답 : 1

※ 자체로 개발한 암호화 알고리즘이 더 안전하다는 보장은 없다.

11. 정답 : 3

※ 키 값은 절대 공개되어서는 안되나, 키의 길이 및 알고리즘은
공개될 수 있다.

12. 정답 : 3

※ 가용성은 암호화 목적이 아니다.

13. 정답 : 2

※ 대칭키 암호화 방식은 비밀키(Secret Key)를 사용하는 암호화 방
식이며, private key(개인키, 사설키)를 사용하는 방식은 비대칭키
암호화 방식이다.

14. 정답 : 3

※ 속도가 빠르고 안전성이 높아 대량의 데이터 암호화에 사용하
는 방식은 대칭키 암호화 방식이다.

15. 정답 : 3

※ 비대칭키 암호화 방식에서 송신자 인증을 위해 복호화 시 사용
하는 키는 송신자의 공개키이다.

16. 정답 : 4

 ※ 일방향 암호화 방식은 서로 다른 입력값에 대해 동일한 해시값
  이 나오는 현상인 충돌이 발생해서는 안된다.

17. 정답 : 3

 ※ 사전에 송신자와 수신자가 비밀키를 공유하지 않고도 메시지를
  안전하게 전달하는 기술을 전자봉투라고 한다. 전자봉투 기술은
  송신자가 비밀키를 생성 후, 메시지는 비밀키로 암호화하고, 비밀
  키는 수신자의 공개키로 암호화하여 수신자에게 전달한다. 수신
  자는 자신의 개인키로 비밀키의 암호문을 복호화하여 비밀키를
  구한 후, 비밀키로 메시지 암호문을 복호화하여 메시지를 구한다.

18. 정답 : 3

 ※ 전자서명은 송신자의 공개키로만 복호화되기 때문에 송신자는
  메시지를 송신한 사실을 부인할 수 없으나, 수신자에 의한 수신
  부인 방지는 제공하지 않는다.

19. 정답 : 4

 ※ S/MIME은 이메일의 송신자, 수신자의 신분을 인증하고, 메시
  지 무결성 검증과 프라이버시를 보장하는 프로토콜이다. 네트

워크 계층에서 동작하며, 전송모드와 터널모드로 나눌 수 있는
프로토콜은 IPSec이다.

20. 정답 : 1

21. 정답 : 4

※ 공개키 인증서에 포함된 정보로 소유자 이름, 일련번호, 공개
키, 유효기간, 인증기관 서명 등이 있으며, 개인키는 포함되지
않는다.

22. 정답 : 3

※ 인증서취소목록(CRL)은 유효성을 상실한 공개키의 인증서를
관리하는 디렉토리이며, 인증서 취소 전에 수행된 거래를 검증
하는데 사용된다.

23. 정답 : 2

※ 책임추적성을 저해하는 것으로는 공용계정의 사용, 패스워드
공유, 퇴사 및 직무변경 직원의 권한 미 삭제 등이 있다. 사용자
들의 행위기록을 웜디스크에 저장하여 백업하는 것은 책임추
적성을 저해하는 행위는 아니다.

24. 정답 : 3

※ 사용자 ID가 개별적으로 부여되어 책임추적성을 확보하고 있는지 여부는 환경 및 물리적 접근통제에 대한 감사항목이 아니라, 논리적 접근통제에 대한 감사항목이다.

25. 정답 : 3

※ 패스워크 크래킹 도구는 사용자의 패스워드를 찾아내기 위해 사용하는 것으로, 패스워드를 파괴하는 것은 아니다.

26. 정답 : 2

※ 블라인드 시험은 목표 시스템에 대한 사전정보를 제공하지 않거나 최소한만 제공하고 실시하는 시험이다. 이에 비해, 공격팀에게 최소한의 정보만 제공하고, 보안관리자 및 운영직원도 시험(테스트)의 수행여부를 모르는 상태에서 실시하는 시험은 이중 블라인드 시험이라 한다.

앞의 수준확인 문제의 정답 수를 기준으로 보충학습자료의 내용을 다음과 같이 학습할 것을 권고한다.

정답 수	학습 가이드
21문제 이상	아래 보충학습 자료 내의 이론 설명 내용을 빠르게 읽으며 주요 개념 환기한다.
13~20문제	아래 보충학습 자료 내의 이론 설명 내용을 자신의 스타일로 요약정리하며 학습 권고한다.
12문제 이하	이론 설명 내용을 최초 2~3회 이상 정독하여야 하며, 필요한 경우 본 책에서 설명된 주요 개념 등에 대해 추가적인 상세 자료를 통해 꼼꼼하게 학습하기를 권고한다.

1. 네트워크 보안

1) 통신 네트워크는 네트워크에 연결된 장비와 네트워크를 운영
을 지원하는 프로그램 및 파일을 모두 포함하며, 통신 네트워크
에 대한 보안(통제)은 LAN, 클라이언트/서버, 인터넷 등 운영형
태에 따라 보안(통제)의 요소가 달라진다.

2) LAN 환경에서의 일반적 위험요소 중 하나는, 내부자에 의한
스니핑(훔쳐보기), 스누핑(염탐에 의한 불법획득), 스푸핑(실제 공격)이
있다.

스니핑(sniffing)	스누핑(snooping)	스푸핑(spoofing)
• 패킷 가로채기 공격 이라고도 함 • 네트워크 상에 떠돌 아다니는 패킷이나 데이터 등을 훔쳐보 는 것 • 소극적 공격	• 스니핑과 유사한 단어이나, 네트 워크 상의 정보 를 염탐하여 불 법적으로 획득하 는 것 • 역시 소극적 공격	• 네트워크 트래픽 흐름 을 임의로 변경하기, 시스템 권한 탈취하기 등의 공격을 일컬으며, 그 대상은 MAC 주소, IP 주소, 포트 등 • 적극적 공격

3) 가상화(virtualization)는 하나의 물리적 자원을 여러 개의 논리적

자원으로 분할하거나, 물리적으로 분리된 여러 개의 자원을 하나의 논리적 자원으로 통합해주는 기술을 말한다.

4) 클라이언트 서버 환경에서는 접근 지점 및 경로가 많아지므로 위험이 증가하며, 이를 방어하기 위해 각각의 접근 지점과 경로를 식별하고 통제 적용하는 것이 중요하다.

5) 모바일 기기의 경우, 장비 분실 또는 도난에 의한 저장된 데이터 유출의 위험이 있으며, 승인받지 않은 기기의 사용에 따른 내부 네트워크로의 악성코드 전염 등의 위험 존재한다.

6) 무선의 경우, 도청의 위험이 크며 승인받지 않은 접근의 경로가 될 수 있다.

7) 무선에서 요구하는 보안사항은 인증성, 부인봉쇄, 책임추적성, 네트워크 가용성이 있다.

8) 인터넷 환경에서 공격은 소극적(수동적)공격과 적극적(능동적)공격으로 나눌수 있다.

구분	소극적 공격 (Passive Attack)	적극적 공격 (Active Attack)
의미	수동적 공격이라고도 함 공격대상에 대한 광범위한 정보를 수집하는 것 적극적 공격을 준비하기 위한 공격	능동적 공격이라고도 함 공격대상에 대한 충분한 정보 수집이 완료된 이후 공격 시스템의 무결성과 가용성 등을 파괴하는 공격
사례	도청, 트래픽 분석, 네트워크 분석 등	Dos공격, 무차별 공격(Brute-force Attack), 피싱 등
대책	암호화, 시스템 내 불필요 서비스 및 정보 제거 등	방화벽, IDS/IPS, VPN, 백신 등

9) 인터넷 환경에서 위험요소로는 CGI, 애플릿(Applet), 액티브 엑스(Active-X), Cookie(쿠키), P2P, 인스턴트 메세징(IM, Instant Messaging), 소셜 미디어(Social Media) 등과 같이 다양하게 존재한다.

10) 인터넷 환경에서 주요 공격으로 무차별 공격(Brute-force Attack), 피싱, 재생공격, APT공격, 서비스거부(DoS) 공격 등이 있다.

11) VoIP(Voice Over Internet Protocol)는 인터넷을 이용한 응용기술로써 IP주소를 기반으로 한 종단간의 채널 설정을 통해 음성 신호를 압축(IP패킷화)하여 전달하는 기술이다.

12) 사설교환기(PBX, Private Branch eXchange)는 공중전화 서비스 가입자의 사무공간에 연결된 전화기 간에 통화를 무료로 연결(내선간에 무료 통화)해주는 전화교환 시스템을 말한다.

2. 암호화

1) 암호화와 관련된 주요 용어로는 평문, 암호문, 암호화, 복호화, 키, 쌍방향 암호화, 일방향 암호화 등이 있다.

2) 키는 암호화, 복호화에 사용되는 일련의 정보로, 길이가 길수록 암호의 안전성은 높으나 속도는 느려진다.

3) 쌍방향 암호화 방식은 대칭키 방식과 비대칭키 방식으로 구분할 수 있다.

구분	대칭키 (Symmetric Key) 방식	비대칭키 (Asymmetric Key) 방식
명칭	• 비밀키(Secret Key) 암호화, 공통키 암호화, 공유키 암호화, 관용키 암호화	• 공개키(Public Key) 암호화
키 구성	• 비밀키(Secret Key) ※ 키 길이 128bit이상	• 공개키(Public Key), 비밀키(사설키, 개인키, Private Key) ※ 키 길이 2048비트 이상
키 사용	• 암호화 키와 복호화 키가 동일(대칭)	• 암호화 키와 복호화 키가 다름(비대칭)
키 개수	• N(N-1)/2	• 2N
키 관리	• 복잡함(비밀키 공유)	• 단순함(키 공유 필요 없음)
안전성	• 암호 자체의 안전성 높음	• 암호 자체의 안전성 낮음
성능	• 암복호화 속도 빠름	• 암복화 속도 느림
기타	• 기밀성만 제공	• 기밀성 및 부인방지 제공
예	• DES, AES, IDEA 등	• RSA, DH, ECC 등

4) 일방향 암호화 방식은 암호문에서 평문은 만들 수 없으며, 해시 함수 또는 해시 알고리즘을 말하며, MD(Message Digest)5, SHA(Secure Hash Algorithm)-1, SHA-2(SHA-224, SHA-256, SHA-

384, SHA-512 등을 통칭) 등이 있다.

- 일방향 암호화 방식은 충돌(서로 다른 입력값에 대해 동일한 해시값이 나오는 현상)이나 역방향 연산(해시 값에서 입력 값을 도출하는 것)이 계산상으로 불가능하여야 한다.

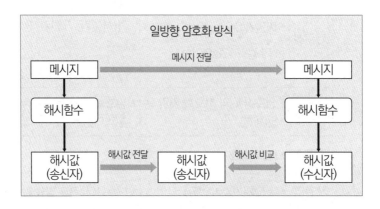

5) 전자 봉투 기술은 사전에 송신자와 수신자가 비밀키를 공유하지 않고도 메시지를 안전하게 전달하는 기술이다.

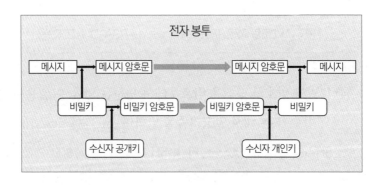

6) 전자서명(Digital Signature)이란 메시지 해시 값을 송신자의 개인
키로 암호화한 값을 말한다.

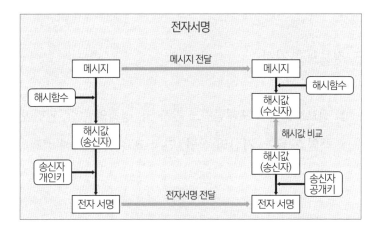

7) 전자서명은 데이터 무결성, 송신자 인증, 송신자 부인방지, 재
사용 보호의 목적으로 사한다.

8) 통신 시 암호화 프로토콜은, SSH, SSL, HTTPS, IPSec, S/
MIME, SET, Kerberos 등이 있다.

9) PKI(공개키 기반 구조)란, TTP(Trusted Third Party, 신뢰할 수 있는 제3자,
일명 공인기관)가 공개키의 진정성을 보장해주는 기반구조를 말
한다.

10) 메시지 은닉 기술에는 스테가노그래피(Steganograhpy)와 디지털 워터마킹(Digital Watermarking)이 대표적이다.

3. 정보보호 감사

1) 정보보호관리 프레임워크 감사 시, 정책의 수립, 관련 인력의 책임과 권한, 자산의 식별, 인식 교육 등에 대해 점검하여야 한다.

2) 논리적 접근관련 감사 시, 관리적, 물리적, 기술적으로 어떤 보안위협이 존재하는지, 논리적 접근 경로에 대한 통제, 책임추적성 확보 등에 대해 점검하여야 한다.

3) 네트워크 보안 관련 감사 시, 네트워크 구성도는 정확하며 최신성을 유지하고 있는지, 관리자가 네트워크의 허점을 파악하기 위해 최신의 취약점 동향을 검토하고 있는지 등에 대해 점검하여야 한다.

4) 물리적, 환경적 보안 관련 감사 시, 화재, 수재, 정전 및 출입통제 등에서 대책이 마련되어 있는지 등에 대해 점검하여야 한다.

5) 보안 테스트 기술로는 출입통제 및 접근통제에서 실패한 위반 시도에 대해 관리자가 추적하는지 여부 테스트 등이 있다.

6) 침투테스트(모의해킹)는 시스템 등에 대한 공격에 대한 저항력을 테스트하는 것으로, 경영진의 지원 및 승인이 필수적이다.

7) 침투테스트(모의해킹)방법으로는 외부시험, 내부시험, 블라인드 시험, 이중 블라인드 시험 등이 있다.

8) 침투테스트(모의해킹)는 테스트를 통해 모든 취약점이 식별된다는 것을 보증하지 못하고, 테스트를 통해 심각한 취약점을 발견하는 데 실패할 수 있다.

제3절 네트워크 감사 및 데이터 유출방지

▣ NW감사 및 데이터 유출방지 영역 관련 수준확인 문제 ▣

1. 원래 건물 내 화재를 제한하기 위해 고안된 방벽을 의미하며, 1980년대 말 네트워크 기술에 적용된 것으로 외부 불법적인 트래픽 유입을 막고 허가된 트래픽만을 허용하는 적극적 방어시스템은 무엇인가?

   ① 침입차단시스템(FW)
   ② 침입방지시스템(IPS)
   ③ 침입탐지시스템(IDS)
   ④ Anti-DDoS

2. 방화벽 접근 정책 설계와 관련된 설명 중 기본 접근금지 정책은 명백하게 허용되지 않은 것은 접근 금지하는 정책으로서, 기본적으로 외부에서 내부 네트워크로 접근을 금지하는 정책이다. (O, X)

3. 방화벽의 기능으로 가장 적절하지 않은 것은?

① 보안정책을 강제하고 접근을 제한한다.

② 내부 정보의 도난 및 누설에 대한 보호한다.

③ 인터넷 및 시스템 자원 사용의 감시한다.

④ 내부인에 의한 악의적 행위나 실수를 막는다.

4. 방화벽과 관련된 설명으로 가장 적절하지 않은 것은?

① 외부 불법적인 트래픽 유입을 막고 허가된 트래픽만을 허용하는 적극적 방어시스템이다.

② 방화벽 정책 설계의 원칙 중, 기본 접근금지 정책은 명백하게 허용되지 않은 것은 접근 금지하는 정책이다.

③ 방화벽을 사용함으로써 내부인에 의한 악의적 행위나 실수, 승인받은 서비스에 대한 악의적 사용 등을 막을 수 있다.

④ 외부 네트워크로부터 내부 네트워크 사이를 지나가는 패킷을 미리 정한 규칙(정책, Rule set)에 따라 차단하거나 통과시키는 기능을 수행한다.

5. 소스 및 목적지의 IP 주소 등을 재기록하면서 라우터를 통해 네트워크 트래픽을 주고 받는 기술을 무엇이라고 하는가?

① IPS

② DMZ

③ ARP

④ NAT

6. 패킷 필터링 방식의 방화벽에 대한 설명으로 적절하지 않은 것은?

① 패킷의 헤더정보(IP, port)를 검사하여 패킷을 차단하는 방식의 방화벽이다.

② 1세대 방화벽의 동작방식이다.

③ 하드웨어 기반으로 속도가 빠르다.

④ 애플리케이션에 특화된 프록시를 사용하여 전체 패킷을 검사한다.

7. 패킷 단위의 검사가 아닌 세션 단위의 검사하는 방식으로 내부 네트워크에서 출발하는 각 패킷에 대해 목적 IP주소에 대한 기록을 유지(상태테이블 사용)하고, 새로 연결되었거나 이미 연결된 트래픽만 허용하는 방화벽은 어느 것인가?

① 패킷 필터링방식

② 상태기반검사방식

③ 응용수준게이트웨이(ALG)방식

④ 회로수준게이트웨이(CLG)방식

8. 방화벽 동작방식별로 속도를 비교했을 때 가장 느린 순서부터 빠른 순서로 나열한 것은?

① 애플리케이션 방식 〈 상태기반검사 방식 〈 패킷 필터링 방식
② 상태기반검사 방식 〈 애플리케이션 방식 〈 패킷 필터링 방식
③ 상태기반검사 방식 〈 패킷 필터링 방식 〈 애플리케이션 방식
④ 패킷 필터링 방식 〈 상태기반검사 방식 〈 애플리케이션 방식

9. 방화벽 동작방식별 보안수준을 비교했을 때 보안수준이 낮은 순서부터 높은 순서로 바르게 나열한 것은?

① 패킷 필터링 방식 〈 상태기반검사 방식 〈 회로수준 〈 응용수준
② 상태기반검사 방식 〈 회로수준 〈 응용수준 〈 패킷 필터링 방식
③ 회로수준 〈 응용수준 〈 패킷 필터링 방식 〈 상태기반검사 방식
④ 응용수준 〈 패킷 필터링 방식 〈 상태기반검사 방식 〈 회로수준

10. 방화벽 구성 형태 중 내/외부용 네트워크 인터페이스 카드(NIC)를 2개 이상 가지고 있는 베스천 호스트를 이용하여 구성하는 방식은 어느 것인가?

① 스크리닝 라우터(Screening Router)구성
② 스크린 호스트 게이트웨이(Screened Host G/W)구성
③ 듀얼 홈드 게이트웨이(Dual Homed G/W)구성

④ 스크린 서브넷(Screened Subnet)구성

11. 침입탐지시스템(IDS)는 시스템에 대한 원하지 않는 조작을 탐지하여 경고하는 시스템으로 방화벽을 대체하는 수단이다. (O, X)

12. 침입차단시스템에 대한 설명으로 가장 적절하지 않은 것은?

① 실패한 침입시도 및 진행 중인 침입 시도를 탐지하여 경고해 준다.

② 방화벽을 대체할 수 있다.

③ 발생된 이벤트를 관리자에게 통보한다.

④ 네트워크기반과 호스트기반으로 구분된다.

13. 네트워크 기반의 IDS에 대한 설명으로 적절하지 않은 것은?

① 네트워크를 통과하는 패킷을 탐지대상으로 한다.

② 패킷 캡쳐 및 프로토콜 별 패킷 분석기술을 기반으로 한다.

③ 특정 호스트에 설치하여 내부 사용자의 서버 공격 탐지 가능하다.

④ DoS공격, 스캐닝 공격 등에 대해서 탐지가능하다.

14. IDS의 침입탐지여부에 대한 판단 방식 중 악용/오용 탐지기반 방식에 대한 설명으로 적절하지 않은 것은?

① 시그니처 기반 침입 탐지라고도 한다.

② 사전 정의된 공격 유형을 기반으로 침입을 식별한다.

③ Zero Day Attack에 대한 탐지가 가능하다.

④ 위음성 오류 및 미탐율이 높다.

15. 침입방지/예방 시스템(IPS)에 대한 설명으로 적절하지 않은 것은?

① IDS의 탐지 기능을 포함한 차단기능까지 수행할 수 있다.

② 일반적으로 방화벽 앞에 설치하여 운영하는 것이 효율적이다.

③ 침입 식별의 기준이 엄격할 경우, 정상적인 서비스가 중단될 위험이 존재한다.

④ Zero Day Attack 대응이 가능하다.

16. 허니팟 및 허니넷의 특징에 대한 설명으로 가장 적절하지 않은 것은?

① 공격자에게 쉽게 노출되어야 한다.

② 공격자가 쉽게 공격이 가능하여야 한다.

③ 공격자가 최단시간 머물게 해야 한다.

④ 공격자 행위는 모니터링 되어야 한다.

17. 특정 단위 이하 금액을 잘라내어 소액을 횡령하는 기법으로 반올림을 고려하지 않는 기법은 무엇인가?

① 데이터 속임
② 반내림
③ 살라미 어택
④ 트랩 도어(Trap Door)

18. 사회공학적 공격에 대한 설명으로 가장 적절하지 않은 것은?

① 사람의 심리나 성향, 실수 등을 악용하여 중요한 정보를 획득하는 등의 비기술적인 공격방법이다.
② 임직원을 대상으로 지속적인 인식교육 등을 통해 예방할 수 있다.
③ 스미싱(Smishing)은 문자메세지 등을 통해 스마트폰에 악성코드 설치하도록 유도하는 것이다.
④ 예방을 위해 임직원을 대상으로 한 임직원을 대상으로 지속적인 인식교육이 필요하며, 주기적인 침투테스트는 수행이 불가하다.

19. 하드 디스크 등 컴퓨터 저장매체에 들어 있는 데이터를 대상으로 복구, 검색 및 증거를 수집하는 수사 기법으로, 법원이 인증할 만한 컴퓨터 관련 증거를 수집, 보존, 분석하는 기술을 무엇이라 하는가?

① 컴퓨터 범죄

② 컴퓨터 수사

③ 컴퓨터 포렌식

④ 컴퓨터 포맷

20. 증거의 수명주기(수집, 보관, 분석, 제출, 폐기) 전체 과정에서 증거에 접근한 모든 사람의 이름, 접근시각, 인수인계자, 수행활동 등을 빠짐없이 기록한 것을 무엇이라 하는가?

① 증거의 사실(Chain of Evidence)

② 증거의 처분(Disposition of Evidence)

③ 증거의 폐기(Destruction of Evidence)

④ 증거의 보존(Save of Evidence)

1. 정답 : 1

2. 정답 : O

3. 정답 : 4

   ※ 방화벽은 외부 불법적인 트래픽 유입을 막고 허가된 트래픽만
   을 허용하는 적극적 방어시스템으로 패킷을 미리 정한 규칙(정
   책, Rule set)에 따라 차단하거나 통과시키는 기능을 수행하지만,
   내부인에 의한 악의적 행위나 실수, 승인받은 서비스에 대한 악
   의적 사용 등을 막을 수 없다.

4. 정답 : 3

   ※ 방화벽은 외부 불법적인 트래픽 유입을 막고 허가된 트래픽만
   을 허용하는 적극적 방어시스템으로 패킷을 미리 정한 규칙(정
   책, Rule set)에 따라 차단하거나 통과시키는 기능을 수행하지만,
   내부인에 의한 악의적 행위나 실수, 승인받은 서비스에 대한 악
   의적 사용 등을 막을 수 없다.

5. 정답 : 4

   ※ NAT(Network Address Translation)는 IP 패킷의 TCP/UDP 포트 숫자와 소스 및 목적지의 IP 주소 등을 재기록하면서 라우터를 통해 네트워크 트래픽을 주고 받는 기술을 말한다.

6. 정답 : 4

   ※ 애플리케이션에 특화된 프록시를 사용하여 전체 패킷을 검사 는 것은 애플리케이션(Application Level)방식 방화벽이다.

7. 정답 : 2

8. 정답 : 1

   ※ 방화벽 동작방식별 속도는 애플리케이션 방식(응용수준 ⟨ 회로수준) ⟨ 상태기반검사 방식 ⟨ 패킷 필터링 방식와 같다.

9. 정답 : 1

   ※ 방화벽 동작방식별 보안수준은 패킷 필터링 방식 ⟨ 상태기반검사 방식 ⟨ 애플리케이션 방식(회로수준 ⟨ 응용수준)이다.

10. 정답 : 3

※ 내/외부용 네트워크 인터페이스 카드(NIC)를 2개 이상 가지고 있는 베스천 호스트를 이용하여 구성하는 방식은 듀얼 홈드 게이트웨이 구성방식이다.

11. 정답 : X

※ 침입탐지시스템(IDS)는 방화벽을 대체하는 것이 아니라, 방화벽의 기능을 보완해주는 요소이다.

12. 정답 : 2

※ IDS는 시스템에 대한 원하지 않는 조작을 탐지하여 경고하는 시스템을 말하며, 실패한 침입시도 및 진행 중인 침입 시도를 탐지하여 경고해 준다. IDS는 방화벽을 대체하는 것이 아니라, 방화벽의 기능을 보완해주는 요소이다.

13. 정답 : 3

※ 네트워크 기반의 IDS는 네트워크 세그먼터에 설치하며, 특정 호스트에 설치하여 내부 사용자의 서버 공격 탐지하는 것은 호스트기반의 IDS이다.

14. 정답 : 3

※ 악용/오용 탐지기반 방식은 사전 정의(서명)된 공격 유형을 기반으로 침입 식별하므로 사전에 알려진 공격만 탐지할 수 있어, Zero Day Attack에 대해서는 탐지가 어렵다.

15. 정답 : 2

※ IPS는 방화벽에서 불필요한 패킷을 1차로 필터링해주면 IPS가 보다 효율적으로 패킷 검사가 가능하기 때문에 일반적으로 방화벽 다음에 설치하여 운영한다.

16. 정답 : 3

※ 허니팟 및 허니넷은 공격자를 유인하고 공격자의 관심을 다른 곳으로 돌리기 위해, 가치 있는 정보를 포함하는 것처럼 꾸민 컴퓨터 시스템 또는 네트워크를 말한다. 허니넷 및 허니팟은 쉽게 노출되어야 하며, 쉽게 해킹이 가능하여야 하고, 공격자 행위는 모두 모니터링 되어야 할뿐 아니라, 미끼 시스템이 공격되거나 파괴되어도 조직에 영향이 없어야 한다. 또한 공격자가 충분히 오랜 시간 머물수 있어야 한다.

17. 정답 : 3

※ 특정 단위 이하 금액을 잘라내어 소액을 횡령하는 기법으로 반올림을 고려하지 않는 기법은 살라미 어택이다.

18. 정답 : 4

※ 사회공학적 기법을 이용한 주기적인 침투테스트 실시를 할 필요가 있다.

19. 정답 : 3

20. 정답 : 1

※ 증거의 수명주기(수집, 보관, 분석, 제출, 폐기) 전체 과정에서 증거에 접근한 모든 사람의 이름, 접근시각, 인수인계자, 수행활동 등을 빠짐없이 기록함으로써 추적ㅇ르 할 수 있도록 하는 것을 증거의 사실(Chain of Evidence)이라고 한다.

▣ 네트워크 감사 및 데이터 유출방지 보충학습 자료 ▣

앞의 수준확인 문제의 정답 수를 기준으로 보충학습자료의 내용을
다음과 같이 학습할 것을 권고한다.

정답 수	학습 가이드
15문제 이상	아래 보충학습 자료 내의 이론 설명 내용을 빠르게 읽으며 주요 개념 환기한다.
10~14문제	아래 보충학습 자료 내의 이론 설명 내용을 자신의 스타일로 요약정리하며 학습 권고한다.
9문제 이하	이론 설명 내용을 최초 2~3회 이상 정독하여야 하며, 필요한 경우 본 책에서 설명된 주요 개념 등에 대해 추가적인 상세 자료를 통해 꼼꼼하게 학습하기를 권고한다.

1. 네트워크 인프라 정보보호 감사

1) 방화벽은 네트워크 구간을 신뢰할 수 있는 영역과 신뢰할 수 없는 영역으로 구분하기 위한 하드웨어나 SW의 집합이다.

가능한 역할	가능하지 않은 역할
• 보안정책을 강제하고 접근을 제한	• 내부인에 의한 악의적 행위나 실수
• 인터넷 및 시스템 자원 사용의 감시	• 승인받은 서비스에 대한 악의적 사용
• 내부 정보의 도난 및 누설에 대한 보호	• 방화벽 우회를 통한 통신
• 널리 알려진 DoS공격의 차단	• 피싱, 스팸, 제로데이 공격 등
	• 대규모 DDoS 공격 차단

2) 방화벽 정책(Rule Set)은 기본 접근금지(기본적으로 외부에서 내부로 접근을 금지)와 기본 접근허용(기본적으로 외부에서 내부로 접근을 허용)으로 구분가능하다.

3) NAT기능은 내부에서 외부로 나가는 패킷들의 주소를 외부 주소로 변환시켜, 스푸핑 공격 등을 예방할 수 있다.

4) 방화벽은 패킷 필터링(Packet Filtering)방식, 상태기반검사 (Stateful Inspection)방식, 애플리케이션(Application Level)방식으로 분류 가능하다.

- 속도 : 애플리케이션 방식(응용수준 〈 회로수준) 〈 상태기반검사 방식 〈 패킷 필터링 방식

- 보안 : 패킷 필터링 방식 〈 상태기반검사 방식 〈 애플리케이션 방식(회로수준 〈 응용수준)

5) 방화벽 구현 형태는, 스크리닝 라우터(Screening Router)구성, 스크린 호스트 게이트웨이(Screened Host G/W)구성, 듀얼 홈드 게이트웨이(Dual Homed G/W)구성, 스크린 서브넷(Screened Subnet)구성으로 구분가능하다.

6) 침입탐지시스템(IDS), 시스템에 대한 원하지 않는 조작을 탐지하여 경고하는 시스템으로 방화벽의 기능을 보완한다.

7) 네트워크 기반 IDS(NIDS)와 호스트 기반 IDS(HIDS)로 구분한다.

8) IDS는 악용/오용 탐지와 변칙/이상 기반 침입 탐지로 구분 가능하다.

9) 침입방지/예방 시스템(IPS), IDS의 탐지 기능을 포함한 차단기
능까지 수행할 수 있는 솔루션이다.

구분	방화벽 (침입차단)	IDS (침입탐지)	IPS (침입방지)
패킷차단	O	X	O
패킷 내용 분석	X	O	O
이상/오용 탐지	X	O	O
이상/오용 차단	X	X	O

10) 허니팟(Honey Pot) : 공격자를 유인하고 공격자의 관심을 다른
곳으로 돌리기 위해, 가치 있는 정보를 포함하는 것처럼 꾸민
컴퓨터 시스템을 말함

● 허니넷(Honey Net) : 허니팟과 동일한 목적으로 만들어진 네트
워크로서, 여러 허니팟을 연결한 구조. 공격자의 행위를 감시
하고 조사할 수 있게 함

2. 데이터 유출방지 및 포렌식

1) 논리적 접근이란 네트워크를 통해 시스템 내부에 저장된 데이

터, 응용SW 등에 접근하는 행위를 말하며, 주요 데이터 유출의
경로가 된다.

2) 도청 및 정보 수집에는 도청, 트래픽 분석, 네트워크 분석이 있다.

3) 조작 및 유출에는 데이터 속임(Data Diddling), 데이터 유출(Data
Leakage), 반내림(Rounding Down), 살라미 어택(Salami Attack) 등
이 있다.

4) 권한 악용 및 신분조작에는 트랩 도어(Trap Door), 루트킷(Root
Kit), 스푸핑(Spoofing), 재전송(Replay), 중간자 공격(Man in the
Middle Attack) 등이 있다.

5) 패스워드 공격에는 추측(Guessing), 강제공격(Brute Force Attack),
사전공격(Dictionary Attack), 레인보우공격(Rainbow Attack), 키보
드 로그(Keyboard Logger)등이 있다.

6) 사회공학(Social Engineering)적 공격이란, 사람의 심리나 성향,
실수 등을 악용하여 중요한 정보를 획득하는 등의 비기술적인
공격방법을 말한다.

7) 컴퓨터 포렌식(Computer Forensics)은 하드 디스크 등 컴퓨터 저장매체에 들어 있는 데이터를 대상으로 복구, 검색 및 증거를 수집하는 수사 기법으로, 법원이 인증할 만한 컴퓨터 관련 증거를 수집, 보존, 분석하는 기술을 말한다.

8) 컴퓨터 포렌식(Computer Forensics)의 3가지 기본 기술은 원본 데이터를 변형 없이 증거로 수집하는 기술, 보관한 증거가 원본 데이터와 다르지 않다는 사실을 입증하는 기술, 데이터 분석 시 변조없이 분석하는 기술이다.

9) 컴퓨터 포렌식의 진행순서는 데이터 보호, 메모리 덤프, 이미징, 해시값 비교, 식별 및 목록 작성, 증거의 사실(Chain of Evidence), 증거의 처분(Disposition of Evidence), 증거의 폐기(Destruction of Evidence) 순서이다.

정보보호 관련 인증에 대해

【국제 정보보호 관련 인증제도】

【국내 정보보호 관련 인증제도】

【정보보호 및 개인정보보호 관리체계(ISMS-P) 인증】

【국제공인 정보보호 관리체계(ISO/IEC27001:2022) 인증】

1. 국제인증

구분	주관	인증기관	설명
ISO 27001	국제 표준화 기구 (ISO)	에이써티 인증원 (국내) 등	조직 전반의 관리시스템의 일부로 위험에 기반한 정보보호 운영을 위해 4개영역에 총 93개 통제항목으로 구성된 국제공인 **정보보호관리체계임**
CSA STAR	영국표준 협회(BSI), 클라우드 보안 협회(미국)	영국 표준 협회	**클라우드 보안**과 관련된 것으로 ISO/IEC27001을 강화하여 만든 특별 프로그램
BS 10012	영국 표준협회	SGS, BSI, DNV	개인정보의 효과적인 관리체계에 관한 표준으로 국제규격에 맞게 영국표준협회(BSI)에서 설계한 프로그램
PCI-DSS	PCI 보안표준 위원회	PCI 보안표준 위원회	**신용카드 취급 가맹점과 서비스 제공업체**들이 준수해야 할 정보보호에 대한 표준

2. 국내인증

구분	주관	인증/심사기관	설명
ISMS	과기정통부	KISA (금보원, KAIT, TTA, OPA, NISC)	정보통신망법에 근거 2001년 7월 국내 정보보호에 대한 인증제도로 도입, 2002년 5월 관련 고시 발표로 제도화, 2013년 법적 의무 대상 기관 지정, 2018년 11월 PIMS와 통합 2024년 7월 특례인증인 간편인증제도가 신설됨

구분	주관	인증/ 심사기관	설명
ISMS-P	과기정통부, 행정안전부, 방송통신 위원회	KISA (금보원, KAIT, TTA, OPA, NISC)	정보통신망법에 근거 2018년 11월 기존 ISMS와 PIMS가 통합된 제도
PIMS (폐지)	방송통신 위원회	KISA	정보통신망법에 근거 2011년 개인정보에 특화한 인증제도 로, 2018년 ISMS와 통합
PIPL (폐지)	행정안전부	NIA	개인정보보호법에 근거 2013년 공공기관 개인정보보호 관련 인증을 위해 도입, 2016년 PIMS로 통합
정보 보호 준비도 평가	과기정통부	KISA, TTA, KAIT 등	정보보호산업진흥법 근거 민간자율형태의 인증제도로, 소규모 기업 등을 위한 인증제도 평가 점수에 따라 5개 등급(B, BB, A, AA, AAA)으로 구분
PIA	행정안전부	영향평가 기관	공공기관 대상의무 개인정보를 취급하는 공공기관이 관 련시스템을 신규 구축 또는 기존 시스 템을 변경하는 경우 실시

3. ISMS-P(정보보호 및 개인정보보호 관리체계 인증)

- 2018년 11월 관련 고시개정에 따라 기존의 ISMS와 PIMS가 통합된 인증제도로 탄생

※ 관련고시 : 정보보호 및 개인정보보호 관리체계 인증 등에

※ 관련고시 : 정보보호 및 개인정보보호 관리체계 인증 등에 관한 고시(과기정통부, 방통위, 행안부 공동고시)

- 인증서는 크게 ISMS와 ISMS-P 2가지로 구분되고, 기업이 선택하여 받을 수 있음

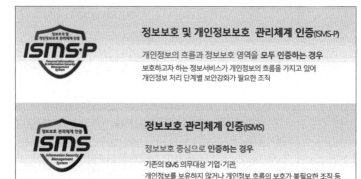

〈출처 : 한국인터넷진흥원(KISA)〉

- 인증과 관련되어 크게 정책기관(과기정통부, 행안부, 방통위), 인증기관(KISA, 금보원), 심사기관(KISA, 금보원, TTA, KAIT, OPA, NISC)으로 구분되어짐

- 인증을 위한 기준(심사항목)은 ISMS는 80개항목, ISMS-P는 102개 항목으로 구성됨

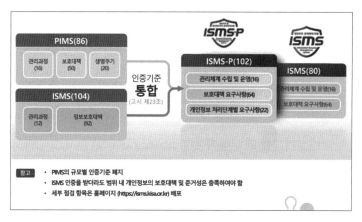

〈출처 : 한국인터넷진흥원(KISA)〉

● 인증기준은 크게 관리체계 수립 및 운영, 보호대책 요구사항, 개인정보처리단계별 요구사항으로 구성되어 있음

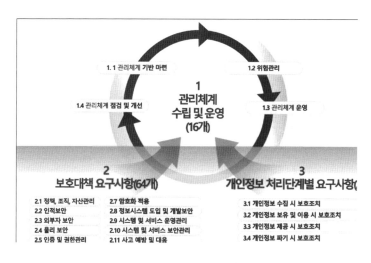

〈출처 : 한국인터넷진흥원(KISA)〉

- 인증심사를 받고자 하는 기관이 기존에 ISO27001 또는 기반시설점검을 받고 있는 경우, 일부 심사항목을 면제 받을 수 있음

- 정보통신망법 제47조 2항에 의거하여 인증의무대상자가 존재하며, 인증의무대상 여부는 기업이나 기관이 자체적으로 의무대상여부를 판단하여야 함 (의무대상자가 미인증 시, 3천만원 이하 과태료(정보통신망법 제76조))

- 인증을 희망하는 기업이나 기관이 인증을 받기위해서는 사전준비에서 심사 및 그에 대한 보완조치의 절차를 거쳐야 함

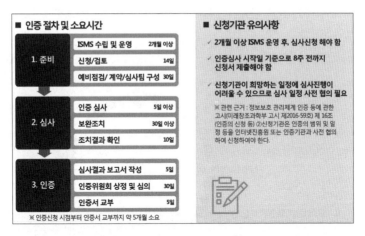

〈출처 : 한국인터넷진흥원(KISA)〉

- 인증을 획득한 기업이나 기관은 유효기간(3년) 동안 매년 1회의 사후심사와 유효기간 만료 전 갱신심사를 받아야 함

보완조치 기간 확대
고시 제25조 제4항
	• 보완조치 기간 기존 30일에서 40일로 확대
	   (보완조치 기간 이내 심사팀장의 확인이 완료되어야 함)
	• 보완조치 사항 미흡 시 재조치 요구기간은 60일 유지
	
	   보완조치 종료 시점 기준
	   - 심사팀장이 이행점검을 완료하고 완료확인서에 서명하는 일자가 최종 일자가 됨
	   - 조치 완료일이 휴일이면 휴일이 종료되는 날짜 다음날까지 제출하도록 산정
	
	• 신규기준부터 적용

사후관리
고시 제27조 제3항
	• 사후심사는 1년 주기로 심사를 받아야 함
	• 인증 취득한 범위와 관련하여 침해사고 또는 개인정보 유출사고가
	   발생한 경우 인터넷진흥원은 필요에 따라 인증관련 항목의 보안향상을
	   위한 필요한 지원

갱신심사 신청 고시 제28조	• 사후심사, 갱신심사 연장신청 불가 • 갱신심사는 유효기간 만료 3개월 전에 신청하여야 하며 신청하지 않고 유효기간이 경과한 때에는 인증의 효력은 상실된다.

〈출처 : 한국인터넷진흥원(KISA)〉

- 인증심사 시, 인증기관 및 심사기관에서는 인증심사원 풀에 등록되어 있는 인증심사원으로 인증심사팀을 구성하여 인증심사를 진행함

- 관련하여, 인증심사원은 자격요건을 가진 자를 대상으로 별도 선발시험을 통해 심사원 자격을 부여함(심사원 선발시험 및 교육 등은 KISA에서 실시함)

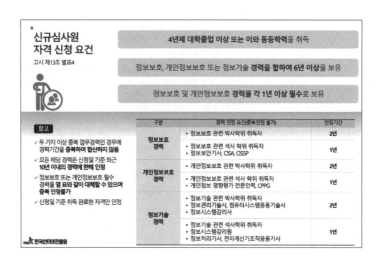

신규심사원
자격 신청 요건
고시 제13조 별표4

4년제 대학졸업 이상 또는 이와 동등학력을 취득

정보보호, 개인정보보호 또는 정보기술 경력을 합하여 6년 이상을 보유

정보보호 및 개인정보보호 경력을 각 1년 이상 필수로 보유

참고

✓ 두 가지 이상 중복 업무경력인 경우에
  경력기간을 중복하여 합산하지 않음
✓ 모든 해당 경력은 신청일 기준 최근
  10년 이내의 경력에 한해 인정
✓ 정보보호 또는 개인정보보호 필수
  경력을 열 표와 같이 대체할 수 있으며
  중복 인정불가
✓ 신청일 기준 취득 완료한 자격만 인정

구분	경력 인정 요건(중복인정 불가)	인정기간
정보보호 경력	• 정보보호 관련 박사학위 취득자	2년
	• 정보보호 관련 석사 학위 취득자 • 정보보안기사, CISA, CISSP	1년
개인정보보호 경력	• 개인정보보호 관련 박사학위 취득자	2년
	• 개인정보보호 관련 석사 학위 취득자 • 개인정보 영향평가 전문인력, CPPG	1년
정보기술 경력	• 정보기술 관련 박사학위 취득자 • 정보관리기술사, 컴퓨터시스템응용기술사 • 정보시스템감리사	2년
	• 정보기술 관련 석사학위 취득자 • 정보시스템감리원 • 정보처리기사, 전자계산기조작응용기사	1년

KISA 한국인터넷진흥원

〈출처 : 한국인터넷진흥원(KISA)〉

4. ISO/IEC27001:2022

(국제공인 정보보호관리체계, ISO27001)

1) 의미

- ISO/IEC 27001은 국제표준화기구(ISO : International Organization for Standardization) 국제전기기술위원회 (IEC : International Electrotechnical Commission)에서 제정한 정보보호 관리체계에 대한 국제 인증입니다.

- 앞서 설명한 ISMS-P인증이 정보보호관리체계(Information Security Management System)에 대한 국내 표준 인증이라면, ISO27001은 국제표준 인증으로, 인증서가 국내에 한정된 것이 아니라 국제적으로 통용되는 정보보호관리체계에 대한 인증이다.

2) History

- ISO27001은 국제표준협외(ISO)에서 정보보호에 대한 표준 규격의 필요성을 인지하여 만들어졌으며, 그 역사는 다음과 같다.

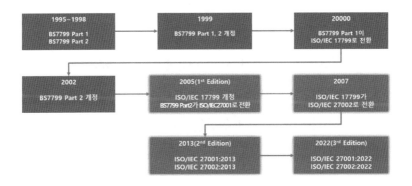

3) 특징

- 인증의 기본적 절차나 주기 등은 국내 ISMS-P인증과 유사하여,

인증서는 3년 유효하며 유효기간 내 매년 1회의 사후심사를 받아야 한다.

- 인증항목은 관리체계에 대한 요구사항과 개별 통제항목을 뜻하는 부속서(4개영역, 93개항목)로 구성되어 있다.

4) 국내 ISMS제도와 비교하여 특징

(1) 인증의 통용 범위가 국내용인가 국제용인가로 비교된다.

- ISO 27001은 국제 정보보호 인증제도로 인증 하나로 전 세계에서 자사의 정보보호 수준을 인정받을 수 있는 장점이 있다. 그래서 글로벌 비즈니스를 하고 있거나 글로벌을 사업을 확장하려는 기업들이 많이 찾고있으며, 반대로 ISMS는 국내에서 ISO27001을 본떠서 만든 정보보호 인증제도로 국내에서 통용되며, 법에서 그 의무대상이 정해져있어 국내에서의 위상은 매우 높다.

(2) 심사원 되기의 난이도가 다르다.

- 국내 ISMS-P인증의 경우, 심사원이 되기위해서는 연1회 실시되는 필기시험을 합격한 후, 별도의 집체심사를 통해 심사원이 될 수 있다. 이때, 필기시험의 난이도가 보안관

련 자격시험 중 상위에 속할 정도로 어렵다.

- 이와 반대로, ISO27001인증심사원의 경우 다수이 심사원교육기관을 통해 연중 수시로 자격을 획득할 수 있으며, 국내 ISMS-P인증심사원과 비교하여 상대적으로 시험의 난이도가 낮다고 할 수 있다.

(3) 인증심사의 난이도가 다르다.

- 국내 ISMS-P인증심사의 경우, 최초/사후/갱신심사로 구분은 되어 있으나, 다수의 심사원이 수일간 심사를 진행하므로 심사의 난이도가 꽤 높다고 할 수 있다. 특히, 심사의 관점도 기술적 영역에서의 보안 문제를 확인하는 것에 심사 리소스가 많이 할애되고 있어 대응에 꽤 전문성을 요구한다.

- 이에 비해, ISO27001의 경우, 정보보호관리체계의 원래 목적인 관리체계 즉, 프로세스를 중심에 두고 심사를 하므로 ISMS-P심사에 비해서는 기술적 영역에서의 심사에 리소스가 상대적으로 적게 할당된다. 또한, 국내 ISMS-P심사가 최초/사후/갱신에 심사투입공수에 큰 변화가 없으나, ISO27001은 그 차이가 많이 발생(사후심사 경우, 최초심사의 50%수준의 공수 투입)한다.

CISA를 통해 알아보는

정보보호와 **내부감사의 첫걸음**

초판 발행 2025년 3월 31일

지은이 이재호, 한대화, 강도운
펴낸이 방성열
펴낸곳 다산글방

출판등록 제313-2003-00328호
주소 서울특별시 마포구 동교로 36
전화 02-338-3630
팩스 02-338-3690
이메일 dasanpublish@daum.net
　　　　 iebookblog@naver.com
홈페이지 www.iebook.co.kr

ISBN 979-11-6078-345-2 93000